주식시장을 이기는
10가지 질문

데이비드 스타인 지음 | 곽민정 옮김

주식 부자로 가는
완벽한 해답

주식시장을 이기는
10가지 질문

유노
북스

이 책에 쏟아진 찬사

"투자 지식을 넓히고자 하는 사람들에게 좋은 도서. 저자는 평생 투자를 하면서 배운 많은 교훈을 10가지 질문들로 단순화하여 분석하고 관리할 수 있게 해 준다. 또한 다양한 재정 시나리오와 사례들을 보여 줌으로써 독자들이 심사숙고하여 투자할 수 있도록 한 발짝 뒤로 물러서는 것의 중요성을 일깨워 준다. 저자의 말대로 이 책은 투자 초보자, 포트폴리오와 자산에 초점을 맞춘 투자자, 은퇴에 대비해서 저축과 투자 훈련을 하고 싶은 투자자, 그리고 자신의 재산을 지키고 늘리기 위해 할 수 있는 모든 것을 하고 싶은 투자자를 위한 책이다. 이 책으로 다른 투자자들과 함께 자신의 투자 경험을 나눠 본다면 즐거운 경험이 될 것이다."

_김영익 서강 대학교 경제 대학원 겸임 교수

"좋은 질문은 '결과, 정답'보다 '과정, 동기'를 추적합니다. 저자의 10가지 질문은 투자 의사 결정의 '과정, 동기'를 파헤치는 근원적인 탐구이자 시류에 휩쓸리지 않는 투자 인사이트입니다. 투자에 앞서 10가지 질문은 스스로에게 묻고 답하는 과정에서 실수를 줄이고 성공 확률을 높일 것으로 확신합니다."

_곽병열 《나는 배당 투자로 한 달에 두 번 월급 받는다》의 저자

"저금리 시대, 개인 투자자들이 많아지는 세상에서 투자에 도움이 되는 인사이트를 이 책을 통해 얻으면 좋겠다."

_윤혁진 SK증권 중소기업분석팀장

"우리가 어떤 결정을 내리든 가장 큰 함정 중 하나는 많이 알고 있다고 생각하는 것이다. 이 책은 우리가 모르는 것에 집중하고, 과도한 자신감을 줄이며, 투자가 잘못될 수 있다는 점을 생각하게 한다. 이는 투자만이 아니라 어떤 결정을 내리든 큰 영향을 미친다."

_애니 듀크(ANNIE DUKE) 의사 결정 전략가 겸 베스트셀러 작가

"데이비드는 생생한 일화를 통해 투자자에게 명확한 로드맵을 제공한다. 그는 과거는 서막이 아니며, 최근 몇 년간 성공적이었던 전략이 앞으로 몇 년간은 잘되지 않을 수도 있다는 것을 알고 있다."

_롭 아노트(ROB ARNOT) 리서치 어필리에이츠 회장

"성공적인 투자자가 되기 위해 수학 전문가나 금융 전문가가 될 필요는 없다. 대신, 다른 사람들이 투자 손실로 공황 상태에 빠질 때, 당신은 마음의 평화를 지키기 위한 훈련이 필요할 것이다. 성공한 투자자라고 평범한 사람보다 앞일을 더 많이 알고 있는 것은 아니다. 그들은 투자 철학과 스스로 선택할 수 있는 의사 결정 과정을 가졌다."

_마이클 포트(MICHAEL PORT) 〈뉴욕타임스〉, 〈더 월스트리트 저널〉 베스트셀러 작가

"그는 독자들이 읽고 싶어 하는 책을 썼다. 왜냐하면 그는 독자들의 요구를 이해하고, 독자들의 대답 없는 질문들을 다루면서 몇 년을 보냈기 때문이다. 이 책은 스스로 현명한 투자 결정을 내릴 수 있는 자신감을 갖게 한다. 이 책은 당신을 위한 것이다."

_버나뎃 지와(BERNADETTE JIWA) 호주 최고의 비즈니스 전략가 겸 베스트셀러 작가

"데이비드 스타인은 투자에 대한 궁금증을 당신이 정말 알아야 할 10가지 질문으로 압축했다. 둥지 속 알을 기르기 위해 투자를 하든 보호하기 위해 투자를 하든, 이 책은 우리 모두를 위해 반드시 읽어야 한다."

_조 사울 세하이(JOE SAUL-SEHY) 팟캐스트 스태킹 벤자민스 제작자

"성공적인 투자자가 되고 싶다면 이 책을 책상 위에 둬라. 데이비드 스타인은 더 나은 투자 결정을 하기 위한 귀중한 가이드라인을 제시할 것이다."

_로저 위트니(ROGER P. WITNY) 국제 공인 재무 설계사 및 회계사

"이 책은 훌륭하고 접근하기 쉬운 투자 안내서다. 그는 바로 요점을 파악하고, 독자들이 투자 환경을 탐색할 때 가질 수 있는 가장 적절한 질문의 답을 제공한다. 이 책은 누구에게라도 귀중한 보탬이 될 것이다."

_쿨렌 로슈(CULLEN ROCHE) 오캠 파이낸셜 그룹 설립자

투자할 때
실수를 저지르는 것은
당연하다

몇 년 전, 나는 아이다호주의 테톤 밸리에 있는 농장에서 해충 구제 업자를 만났다. 그 농장은 9만 평에 달하는 나의 투자 자산이자 휴양지로 보리밭과 테톤 산맥이 한눈에 보였다. 고라니와 말코손바닥사슴 떼가 자주 출몰했고 파랑새들이 날아다녔다.

나의 멋진 농장에는 두 가지 문제가 있었다. 첫 번째는 집에 쥐가 자주 나왔다. 그래서 해충 구제 업자를 고용한 것이다. 두 번째 문제는 더 심각했다. 농장에서 조금 떨어진 방치된 골재 파쇄장이 10년 만에 다시 가동하기 시작한 것이다. 몇 분마다 자갈을 실은 덤프트럭이 먼지와 소음을 일으키며 집 앞을 지나갔다. 골재 파쇄장은 하루에 12시간씩 암석 파쇄기를 작동했다. 2007년 서브프라임 모기지 사태 당시 값이 폭락한 농장을 사면서 훌륭한 협상을 했다고 생각했는데, 이젠 그렇게 매력적으로 보이지 않았다.

해충 구제 업자와 나는 집 주변에 미끼 상자를 두며 잡담을 나눴다. 나는 그에게 한때 내가 기관 투자자로 일했으며 현재는 돈, 투자, 경제에 관한 팟캐스트와 회원 커뮤니티를 운영하면서 강의하고 있다고 말했다. 그러자 그가 내게 물었다.

"주식에 투자하면 1년에 얼마를 벌 수 있나요? 내 생각에 80%면 적절할 것 같은 데요."

그는 내가 대답하기도 전에 자신의 질문에 답을 제시했다. 알고 보니 그는 그 해 초에 처음 주식을 샀고 80% 이상의 수익률을 올렸다. 그 수익률이 그의 기대치를 고 정시킨 것이다. 나는 그에게 실제 수익률과 기대 수익률이 10배 이상 차이 나는 이 유를 설명하려고 노력했지만 전혀 설득하지 못했다.

우리는 투자할 때 실수를 저질렀다. 해충 구제 업자의 실수는 주식 시장이 어떻 게 돌아가는지 이해하지 못해서 기대치가 비현실적인 것이다. 내 실수는 농장 근처 의 골재 파쇄장을 제대로 조사하지 않고 부동산에 투자한 것이다. 이처럼 투자를 할 때 실수를 저지르는 것은 정상이다. 모든 투자자, 심지어 매우 성공한 헤지 펀드조 차도 실수를 한다. 유명한 투자자 겸 기술 분석가인 네드 데이비스^{Ned Davis}는 이렇게 말했다.

"우리는 실수를 저지르는 사업에 종사하고 있다. 승자와 패자의 유일한 차이점 이 있다면 승자는 작은 실수를 저지르고 패자는 큰 실수를 한다는 것이다."

따라서 당신이 은퇴를 대비하며 저축하고 투자할 때, 자신이 실수하게 될 것이라는 사실에 익숙해질 필요가 있다. 실수가 두렵다고 투자를 안 할 수는 없다. 동시에 큰 투자 실수를 감당할 수도 없다. 투자라는 영역의 패배자가 된다는 것은 은퇴 후에 돈이 바닥나거나 늙어서도 평생 일해야 한다는 것을 의미한다. 나는 수백 명의 주식 투자자, 채권 매니저, 헤지 펀드 매니저, 벤처 투자가 등을 인터뷰하며 그들의 투자 방식을 이해했다. 나는 항상 그들이 저지른 투자 실수를 묻고 거기서 얻은 교훈을 알려 달라고 부탁했다.

나는 나 자신의 실수에서도 배웠다. 수십억 달러의 자산을 가진 재단과 기부금 단체에 재무 조언을 한 적이 있는데, 일부는 효과가 있었지만 일부는 실수로 판명 났다. 당시 나는 수석 포트폴리오 및 투자 전략가로서 매일 20억 달러의 투자 포트폴리오를 관리할 책임이 있었다. 그래서 2008년 글로벌 금융 위기 때는 고객들이 내 실수를 비판하는 것을 받아들여야 했다.

가장 성공한 투자자 중 한 명인 워런 버핏Warren Buffett은 "우리는 실수도 하지만 실수를 만회할 만큼 잘 해낼 수도 있다"라고 말했다. 우리 모두는 실수를 한다. 나는 투자에 성공했을 때보다 실수했을 때를 더 많이 기억한다. 우리가 실수했을 때 지나치게 자책하는 이유 중 하나는 의사 결정 과정에서 나쁜 결과를 분리해서 생각하는 것을 어려워하기 때문이다. 프로 포커 선수이자 의사 결정 전문가인 애니 듀크Annie Duke는 저서 《결정, 흔들리지 않고 마음먹은 대로》에서 이렇게 썼다.

어떤 의사 결정이 훌륭한지 아닌지 판단하는 기준은 훌륭한 결과가 아니다. 훌륭한 의사 결정은 건전한 사고 과정의 결과물이며 의사 결정은 미래에 대한 베팅이다. 좋은 결과가 나왔느냐 아니냐에 따라 의사 결정의 옳고 그름을 판단할 수는 없다. 우리가 다른 대안과 가능성을 먼저 차분히 생각해 보고 그에 걸맞게 자원을 분배했다면 말이다.

간혹 투자가 예상한 대로 잘되지 않는 경우도 있지만 의사 결정이 제대로 이뤄졌다면 그 투자는 잘못되지 않았다. 우리는 경험에서 배우고 다음 투자 기회로 나아가야 한다.

해충 구제 업자의 주식 포트폴리오가 어떻게 됐는지는 모르지만, 나의 테톤 밸리 농장은 결과적으로는 잘 마무리됐다. 우리는 그 농장을 4만 8,000평씩 2개로 나눴고 한 구획을 집, 목장, 헛간, 그 밖의 별채를 포함해 팔았다. 농장을 산 여성은 말과 목장 생활을 체험하는 캠프장과 수련원을 운영했다. 그 사업이 더욱 번창한다면 남은 4만 8,000평도 팔 예정이다. 그 농장에서 가족, 친구들과 함께했던 멋진 추억들을 고려하면, 투자의 손익 분기점에 도달했을 때 선제적으로 잘 대응해서 매각했다고 판단한다.

투자하기로 마음먹었는가? 그렇다면 당신도 나와 같은 포트폴리오 매니저다. 포트폴리오 매니저는 서로 다른 투자 기회를 비교하고 그 기회에 투자한다. 이 책의 핵심 목표는 당신에게 배분 결정을 내리는 틀, 좋은 의사 결정 과정을 가르쳐서 가끔 나쁜 결과가 나와도 당신의 삶에 미칠 재정적인 악영향을 최소화하는 것이다. 투자 과정을 훈련하면 극도의 불확실성에 직면했을 때에도 자신감과 마음의 평화를 얻을 수 있다. 그렇지 않은 사람들은 주식 시장이 하락세일 때 여러 재정적인 결단을 내려야 한다면 당황스러운 상황을 경험한다. 이처럼 투자 원칙을 세우면 큰 실수를 피하고 실수에 대한 두려움을 극복하는 데 큰 도움이 될 것이다.

스스로 결정하는
투자자가 되기 위하여

나는 더 이상 직업적으로 돈을 운용하지 않는다. 지금 나의 가장 큰 돈 고민은 당신과 같다. 은퇴 자금을 충분히 확보하고 유지하는 것이다. 지난 5년 동안 나는 세계에서 가장 인기 있는 투자 팟캐스트 〈우리 모두를 위한 돈Money For the Rest of Us〉을 진행해왔다. 청취자들은 종종 투자 책을 추천해 달라고 한다. 주식 초보자를 위한 많은 책이 증권 계좌 개설하는 법, 인덱스 펀드의 정의, 저축과 포트폴리오 다변화의 중요성을 설명한다. 혹은 가치 투자나 모멘텀 투자 전략, 옵션 트레이딩이나 외화 투자 방법, 부동산 투자 포트폴리오 구축 등 주식 시장을 이기는 여러 방법을 진부할 정도로 자세하게 보여 주기도 한다.

이 책은 다르다. 다양한 투자 전략을 많이 소개하기는 하지만 투자 기회를 파악하는 방법을 다른 방식으로 보여 준다. 옵션 트레이딩을 할지 부동산 포트폴리오를 구축할지, 아니면 워런 버핏처럼 투자해서 주식 시장을 이기기 위해 노력해야 할지 '결정할 수 있도록' 하는 것이 이 책의 주된 목표다.

나는 투자를 분석하기 위한 10개의 질문을 구성했다. 큰 실수를 피하고 어떤 투자를 하든 성공적으로 수익을 얻을 확률을 높인다. 요컨대 이 책은 포트폴리오와 자산에 초점을 맞춘 투자자, 은퇴에 대비해서 저축과 투자 훈련을 하고 싶은 투자자, 그리고 자신의 재산을 지키고 늘리기 위해 할 수 있는 모든 것을 확실히 하고 싶은 투자자를 위한 책이다.

사실 성공적인 투자자가 되기 위해 전문가가 될 필요는 없다. 우리는 전문가가 되지 않고도 다양한 분야를 탐색할 수 있다. 집과 사업을 관리하고, 세계 여행을 하며, 스포츠를 하는 것도 마찬가지다. 우리는 이런 일들을 제한된 정보로 직관적으로 판단하여 선택하기도 한다. 이 책에서 나는 직관적 경험에 바탕을 둔 방법으로 투자 결정을 안내할 것이다.

당신은 이 책에서 다음 질문에 대한 답을 배운다.

- 투자, 투기, 도박의 차이점은 무엇인가?
- 투자의 예상 수익과 잠재적인 손실을 어떻게 예측하는가?
- 주식 시장을 이기려면 무엇이 필요하며 어떻게 대응해야 하나?
- 현대 포트폴리오 이론의 세부 사항에 얽매이지 않고 다양한 포트폴리오를 어떻게 구축하는가?

- ETF, 뮤추얼 펀드, 폐쇄형 펀드의 차이점과 각각의 리스크는 무엇인가?

- 패시브 인덱스 펀드는 투자의 모든 영역에서 소극적이어야 한다는 의미인가?

- 한 번에 투자해야 할까, 평균으로 나눠서 투자해야 할까?

- 금 또는 암호 화폐를 소유해야 할까? 외화를 사야 할까?

- 배당 투자를 추구하거나 해외 투자를 해야 하는가?

이 책은 투자 초보자부터 수년간 혼자 투자해 온 사람들까지 모두에게 도움이 되도록 썼다. 다른 투자자들과 함께 나눈다면 내게도 매우 영광일 것이다. 이 책에는 투자 멘토들의 인용문이 많다. 몇몇은 내가 직접 만났지만 대부분은 만나지 못했다. 이들은 내가 수년 동안 따르고 존경해 온 가상의 멘토로 투자, 리스크 관리 방법을 알려 줬다. 인용문들은 이 책의 핵심 원칙을 뒷받침할 뿐만 아니라 다른 사람의 투자 경험에서 우리가 얼마나 많은 것을 배울 수 있는지 일깨울 것이다.

●
목
차

질문 1 ⋯ 알고 투자하는가?

질문 4 ··· 손실을 어떻게 막을 것인가?

질문 5 ··· 누가, 왜 그 주식을 파는가?

질문 8 ··· 수수료 이상의 효과를 내는가?

질문 9 ··· 포트폴리오를 어떻게 구성할 것인가?

질문 10 ··· 투자 금액과 타이밍은 어떻게 결정하는가?

1

질문

알고
투자하는가?

투자를 시작하기 전에 투자의 특성을 이해하고 간단하게 설명할 수 있어야 한다. 이는 우리를 겸손하게 만들고 모르는 것을 깨닫게 한다. 이 책에서 논의된 10가지 질문에 답하면 불확실한 상황에 직면해도 확신을 얻는 투자 원칙을 세울 수 있다.

이유를 설명할 수 없다면 투자해서는 안 된다

∧
∧
∧

처음으로 투자한 주식 종목을 기억하는가? 나는 금융 전공 MBA 대학원에 입학할 무렵에 처음 주식을 매수했다. 전 세계 네트워크 운영 체계 시장을 석권했던 미국의 노벨Novell이라는 기업이다. 나는 매일 밤 방송을 보면서 그날 주가의 움직임을 지켜봤다. 그 당시는 1991년으로, 인터넷에 접속하면 즉시 주가를 확인할 수 있는 지금과 달랐다.

나는 노벨의 자회사에서 일한 적이 있다. 전설적인 뮤추얼 펀드 매니저인 피터 린치Peter Lynch는 "자신이 알고 있는 곳에 투자하라"라는 조언으로 유명하다. 나는 노벨을 잘 알고 있었다. 직접 근무까지 했으니까 적어도 잘 아는 사람 중 한 명이었을 것이다. 훗날 피터 린치는 자신이 했던 투자 조언의 정확한 의미를 밝혔다.

"나는 '스타벅스 커피가 맛있다면 스타벅스 주식을 사야 한다'라고 말한 게 아니다. 사람들은 주식을 매수할 때 아무것도 모르는 주식에 투자한다. 그것은 도박이나 마찬가지고 바람직하다고 볼 수 없다."

내가 노벨에 투자한 건 그냥 주가가 오를 거라 생각해서다. 잘은 모르지만 노벨은 컴퓨터 네트워킹과 관련된 사업을 하고 있었고, 당시 컴퓨터가 점점 대중화되고 있었다. 나는 그 회사를 전혀 조사하지 않았다. 컴퓨터 산업도, 경제가 어떻게 돌아가는지도 알지 못했다. 심지어는 주가가 싸다거나 비싸다는 생각조차 하지 않았다. 단순히 저축의 약 25%에 해당하는 1,000달러로 주식을 매수했고 오를 것이라고 생각했다. 간단히 말해서 나는 '도박'을 했다.

주식의 가격은
얼마가 적정할까?

노벨 주식은 나의 첫 투자였지만 마지막 투자는 아니었다. 그 당시에 나는 아무 이유 없이 계속 가격이 오를 것이라 생각했다. 하지만 주가는 다른 투자자들이 기꺼이 더 많은 돈을 지불할 의사가 있을 때 상승한다. 그렇다면 사람들이 더 많은 돈을 지불하려는 이유는 뭘까?

2017년 9월 17일, 미국의 캠핑 용품 차량 소매점인 캠핑월드^{Camping World}의 주가가 7% 이상 상승했다. 미국 전체 증시가 0.3% 상승한 날에 캠핑월드는 7% 더 높은 가격으로 거래된 것이다. 그 이유는 무엇인가? 그날 캠핑월드 CEO는 미국 CNBC 방송과의 인터뷰에서 최근 인수에 관한 회사의 전략을 명확하게 설명했고 자신이 회사의 주식을 더 많이 사들였다고 밝혔다. 그의 발언 이후 투자자들은 캠핑월드의 적정 가격이 7% 더 높아야 한다고 판단한 것이다.

재무 이론에 따르면 주식의 적정 가격은 '기업의 미래 현금 흐름에 대한 현재 가치를 주주들에게 이익의 몫으로 지불한 값'이다. 주주들에게 분배된 이익의 비율을 '배당'이라고 한다. 주당 미래 배당금의 가치는 '현재 가치' 또는 '내재 가치'로 알려져 있다. 즉, 주식의 정확한 가격은 해당 배당금의 현재 가치와 같아야 한다. 또는 투자자가 지금 현금을 받는 것과 미래의 어느 시점에 받는 것에 차이를 느끼지 못하게 만드는 가치가 현재 가치라고 생각할 수 있다.

투자가 어려운 이유는 아무도 미래 배당금이 어떻게 될지 모르기 때문에 적정 주가를 확실히 아는 사람이 없다는 것이다. 심지어 현재 배당금을 지급하지 않고, 향후 몇 년간 그럴 예정이 없는 주식도 있다. 현재 가치에 대해서는 4장에서 더 자세히 다루도록 하겠다.

개별 주식을 사기 전에 판단해야 할 점

∧∧
∧

　주식 투자에 관해서 내가 아는 가장 중요한 원칙은 다음과 같다. 사람들이 인덱스 뮤추얼 펀드나 교환 트레이드 펀드ETF를 통한 주식 바스켓(다양한 종목을 하나에 담는 것) 대신 개별 주식을 매수하는 이유는 '현재의 주가가 너무 낮다'고 판단하기 때문이다. 우리는 회사가 빨리 성장할 거라 생각하거나 멋진 제품을 가졌다는 이유로 주식을 사지 않는다. 우리는 주로 '다른 투자자들이 틀렸다'고 믿기 때문에 주식을 매수한다. 그 말은 다른 투자자들은 회사의 미래 이익과 배당 성장을 과소평가했다는 뜻이다. 이는 현재 주가보다 미래 주당 배당금의 현재 가치가 더 높다는 의미다. 왜냐하면 주가는 회사가 증권사 애널리스트들이 예상하는 실적의 평균보다 더 나은 경우에만 상승하기 때문이다. 다시 말해, 회사의 성장 잠재력이 깜짝 놀랄 만한 위치에 있다는 뜻이다.

나는 보통주로도 알려진 개별 주식을 좀처럼 사지 않는다. 투자자들의 판단이 틀려서 주식의 가격이 잘못 책정됐는지 알아보기 위해 시간을 들이고 싶지 않기 때문이다. 운이 좋게도 노벨은 높이 평가됐고, 나는 노벨을 팔면서 첫 주택 계약금을 마련할 수 있었다. 그러나 노벨 주식 투자 일화는 바람직하지 않은 투자 방식의 대표적인 예다. 만약 그때 내가 이 책에 나온 10가지 질문을 고려했다면 절대 그 주식을 사지 않았을 것이다. 엄밀히 말해 10가지 질문을 할 필요조차 없었을 것이다. "알고 투자하는가?"라는 첫 번째 질문에서부터 내가 무엇을 하고 있는지 모른다는 사실을 깨달았을 테니까.

당신이 산 주식의 판매자를 알고 있는가?

나의 첫 투자 자문 대상은 인디애나에 있는 한 문과 대학이었다. 한번은 미팅 중에 대학 투자 위원회의 위원장이 나에게 이런 말을 했다.

"만약 이 자리에 참석하지 않은 다른 임원에게 설명할 수 있을 정도로 명확한 것이 아니라면 투자할 수 없습니다."

그 말은 내가 지금까지 받은 투자 조언 중 가장 도움이 됐다. 분명 노벨에 투자할 당시 나는 그 회사가 무슨 사업을 하고 왜 주가가 낮은지 설명할 수 없었다. 당시 나의 순진함은 단순히 모르는 것 그 이상이었다. 나는 내 돈이 어디로 가고 있는지, 누가 나에게 그 주식을 팔았는지조차 이해하지 못했다.

노벨에 투자했을 때 나는 나스닥 증권 거래소의 브로커를 통해 주식을 샀다. 내 돈은 노벨이 아니라 나에게 주식을 판 사람에게 갔다. 그 주식은 개인 투자자와 기관 투자자 사이에서 매매되는 2차 시장에서 거래됐다. 한 회사가 주식으로 직접 돈을 받는 유일한 시기는 처음으로 일반인에게 주식을 발행하는 초기 공모 또는 초기 공모 이후 신규 주식을 발행하거나 기존 주식을 매도하는 2차 공모뿐이다. 일단 주식이 발행되고 회사가 수익금을 모으면 2차 시장의 투자자들 사이에서 거래된다.

내게 주식을 판 게 노벨이 아니었다면, 나는 누가 왜 나에게 노벨 주식을 팔았는지를 생각했어야 했다. 집이나 중고차를 살 때는 그렇게 한다. 판매 이유를 알면 가격 협상에 도움이 된다. 물건을 팔 이유가 팔지 않을 이유보다 강력하다면 제시한 가격보다 더 싸게 협상할 수도 있다. 물론 주식은 매수자와 매도자 사이에 중개 회사가 있어서 누가 주식을 팔고 있는지 정확히 알 수는 없다. 그러나 특정 자산 범주에서 거래를 지배하는 구조를 알아야 주식 거래 참여 여부와 방법을 결정할 수 있다.

유명한 투자자인 벤자민 그레이엄이 가치 투자에 관한 고전 《현명한 투자자》를 출판하고 3년 뒤인 1952년의 미국 가계의 주식 보유 비중은 75%에 달했다. 이는 벤자민 그레이엄이 1952년에 주식을 매수했을 때, 주식을 매도하고 있던 75%의 가계보다 주식 시장에 대해 훨씬 더 많이 알고 있었다는 의미다. 그는 주식의 가격이 잘못됐다고 판단할 수 있는 정보의 우위를 점하고 있었고, 그 결과 초과된 수익률로 보상받았다.

1991년 내가 노벨 주식을 매수했을 때, 미국 가계의 주식 보유 비중은 42%였다. 연기금과 보험사, 뮤추얼 펀드가 주식 시장에서 중요한 역할을 했다. 연기금과 보험 회사 중 상당수는 자신들의 포트폴리오를 관리하기 위해 외부 자금 관리자를 고용했다. 이들은 기업들을 조사하고 주식 가치를 평가하는 데 몇 시간씩 투자하는 전문적인 투자자 집단이었다. 그런 환경에서 내가 사전 조사를 했다 하더라도 그 전문 투자자 집단만큼 노벨 주가를 잘 판단할 수 있었을 것 같지는 않다. 하지만 시장은 다시 변했다. 이제 당신에게 주식을 파는 것은 기관의 컴퓨터 알고리즘일 가능성이 높다.

자신이 다 알고 있다는
착각을 버려라

새로운 투자를 고려할 때, 우리는 우선 "알고 투자하는가?"라고 질문해야 한다. 우리는 돈이 어디로 가고 있는지, 누가 우리에게 그것을 팔고 있는지, 그 돈이 어떻게 긍정적인 수익을 창출하는지 간단하게 설명할 수 있어야 한다. 만약 가족이나 친구가 이해할 수 있는 눈높이에서 투자를 설명할 수 없다면, 투자해서는 안 된다.

2017년에는 비트코인 같은 가상 화폐를 둘러싼 마니아층이 형성되기도 했다. 그해 초 1,000달러 미만이넌 비트코인 가격이 연말에 1민 9,000달러 이상으로 급등했다. 전 세계의 수많은 투자자가 생전 처음으로 비트코인에 투자하기 시작했다. 하지만 비트코인 투자자들에게 "알고 투자하는가?"라고 물으면 대부분 비트코인이 무엇인지, 어떤 방식으로 작동하는지 자세히 설명하지 못했을 것이다.

투자하기 전에 "알고 투자하는가?"에 답할 수 있어야 하는 결정적인 이유가 있다. 설명하는 행위는 우리를 겸손하게 만들고 모르는 것을 깨닫도록 도와준다. 인지과학자인 프랭크 킬Frank Keil과 레온 로젠블리트Leon Rozenblit는 수많은 연구에서 사람들에게 지퍼처럼 간단한 작동 원리를 설명해 줄 것을 요청했다. 그들은 사람들이 어떤 주제에 대해 알고 있는 것을 말로 표현할 때, 자신들이 생각하는 것만큼 알지 못한다는 사실을 깨닫는 모습을 발견했다. 설명 연습은 사람들을 겸손하게 만들었다.

비트코인 사태처럼 투자 열풍을 놓칠 수도 있다는 두려움은 종종 우리를 지나치게 자신감 있게 만든다. 우리는 실제로 알고 있는 것보다 더 많은 것을 알고 있다고 확신한다. 그렇기 때문에 "알고 투자하는가?"라는 질문을 던지면 잠시 생각해 볼 시간을 갖고 스스로 얼마나 이해하고 있는지 파악할 수 있다. 그리고 그 부족함을 채우기 위해 노력할 수 있는 것이다.

변수가 많으면
예측하기 어렵다

미국 헤지 펀드 브릿지워터 어소시에이츠의 회장이자 세계에서 가장 성공적인 투자자 중 한 명인 레이 달리오Ray Dalio 는 이렇게 말했다.

"내가 인생에서 이룩한 성공은, 아는 것보다는 알지 못하는 것에 어떻게 대응해야 하는지를 이해하는 것에서 비롯됐다."

투자가 무엇인지 설명하려고 할 때, 우리가 알 수 없는 몇 가지를 발견할 것이다. 투자가 어려운 이유 중 하나는 금융 시장이 '비선형적 복합 적응계'이기 때문이다. 일화로 그것이 무엇인지 설명하겠다.

몇 년 전, 나는 아이다호 남동부에 있는 집을 향해 차를 몰다가 다가오는 여름 뇌우를 만났다. 폭풍우가 그리 위협적으로 보이지는 않았다. 머리 위에는 적란운이 몇 개 있었는데 이 구름은 그 시기에 가끔씩만 비를 몰고 왔다. 그러나 이번에는 구름이 머문 지 1시간도 안 돼 5센티미터의 비를 내렸다. 이 정도면 연간 강수량의 거의 15%였다. 뒤이어 운하가 넘쳤고 물이 범람한 지하수가 강을 이뤘다.

폭풍우의 심각성은 전혀 예상치 못한 것이었다. 기상청도 예측하지 못했고, 그 장소에서만 일어난 일이었다. 집에서 남북으로 몇 킬로미터 떨어진 곳에는 비가 전혀 내리지 않았다. 이처럼 뇌우는 입력 조건이 같더라도 매번 동일한 결과를 내지 않는 비선형성 시스템의 한 예다.

비선형성의 또 다른 예는 모래 더미다. 모래를 한 번에 한 알씩 떨어뜨리면 비교적 안정돼 보이는 원뿔형 더미가 만들어진다. 그러나 어느 순간 모래알 하나가 더미를 덮쳐 눈사태를 일으킬 것이다. 당신은 눈사태를 일으키는 모래의 양이 대략 같을 것이라고 생각할 것이다. 그러나 실은 그렇지 않다. 눈사태는 모래 몇 백 알 또는 수천 알로도 유발될 수 있다. 눈사태는 더미의 크기가 아니라 모래알들 사이의 동적 상호 작용으로 발생한다. 즉, 모래 알갱이가 서로 어떻게 움직이고 미끄러지는지에 따라 일어난다. 모래 알갱이가 많을수록 상호 작용이 많아지기 때문에 눈사태가 언제 일어날지 예측하기가 어려워진다.

확실히 아는 정보로
대처해야 하는 이유

금융 시장도 모래 더미나 뇌우처럼 비선형적이지만 '복잡 적응계'라고 불리는 특별한 유형이다. 모래로만 구성된 모래 더미와 달리 복잡 적응계는 시간이 갈수록 적응하고 학습하면서 다양한 모습으로 구성된다. 금융 시장을 구성하는 수백만의 사람들과 컴퓨터들이 각각 경제, 정치, 경영, 기술 그리고 인간 심리에 관한 수많은 데이터를 연이어 해석하려고 애쓰고 있다.

시장에 다양한 데이터가 입력되고 그것들은 시간이 지나면서 적응하고 변화하기 때문에 시장은 모래 더미보다 훨씬 더 복잡하다. 따라서 시장이 언제 붕괴될지 예측할 수 없다. 올해가 될 수도 있고 5년 후가 될 수도 있다.

거대한 시장이 언제 형성될지 정확히 예측할 수 없으므로 대량 매도가 일어난다고 해서 무턱대고 투자하는 것은 잘못됐다. 기상청은 폭풍우가 마을을 강타할 거라고 예측하지는 못했지만 대기 상태를 충분히 알고 있었기 때문에 그날의 뇌우 위험이 평소보다 더 높다고 예보했다. 그리고 폭풍우가 악화될 가능성이 명확해지자 사람들이 대비할 수 있도록 경고할 수 있었다. 다시 말해, 기상청은 그들이 가진 정보로만 대처한 셈이다.

미래를 예측하지 않아도
수익을 얻는 투자법

만약 우리가 어떤 대상의 특성을 이해하려고 노력하지 않고 투자한다면 그것은 하이킹할 지역의 날씨, 지형을 파악하지도 않고 긴 황야 탐험에 나서는 것과 같다. 그런 행동은 무모하다. 레이 달리오는 자신의 성공이 모르는 것에 대처하는 방법을 아는 것과 더 관련이 있다고 말했다. 그렇다고 해서 그가 새로운 것을 배우는 데 많은 시간을 쏟지 않았다는 뜻은 아니다. 달리오는 자신이 놓친 부분을 다른 사람들의 시각으로 알 수도 있기 때문에 자신과 의견이 다른 사람들과의 만남을 좋아한다고 말한다.

그가 가장 좋아하는 인용구 중 하나는 "수정 구슬(미래에 대한 예측)에 의존하는 사람은 유리 가루(예측 실패에 따른 고통)를 먹을 수밖에 없다"이다. 그는 이어 이렇게 말했다.

"가장 중요한 것은 미래를 아는 것이 아니라 특정 시점에 활용할 수 있는 정보에 적절하게 대응하는 능력이라는 것을 깨닫기까지 나는 많은 유리 가루를 먹었다."

미래를 정확하게 예측하는 일은 매우 어렵다. 1900년 미국 토목 기사인 존 엘프레스 왓킨스 주니어John Elfreth Watkins, Jr.는 〈레이디스 홈〉에 기사를 실었다. 저널의 제목은 '향후 100년 안에 일어날 수 있는 일'이다. 그는 2000년이 되면 딸기가 사과만큼 크고, 완두콩은 비트만큼 커지는 세계를 상상했다. 모기와 파리, 바퀴벌레가 박멸되고 말이 자동차로 대체되는 세상이었다. 소포나 택배는 공기 수송관을 통해 배달되고 알파벳에서 C, X, Q는 쓸모가 없어서 사라진다고 썼다.

그의 예측은 대부분 틀렸지만 일부는 정확했다. 왓킨스는 무선 전화와 텔레비전을 정확하게 예측했다. 이러한 예측을 바탕으로 투자한다고 생각해 보자. 텔레비전이 존재한다고 믿는다면 어느 회사에 투자할 것인가? 어떤 텔레비전 제조사가 살아남을 것인가? 텔레비전 회사의 주가가 잘못 매겨졌는지 판단할 수 있겠는가?

판단이 어렵다면
ETF를 고려할 타이밍이다

미래를 정확하게 볼 수 있다면 투자는 쉬울 것이다. 하지만 우리는 그럴 수 없다. 우리가 상상하는 것들은 현재의 상황, 감정, 지식에 크게 영향을 받는다. 대부분의 예측은 현재 트렌드를 기반으로 추론하는 것으로 끝난다. 우리는 현재의 시선으로 미래를 본다. 예상하지 못한 사건과 놀라운 상황은 예측에서 배제된다. 종종 미래에 가장 큰 영향을 미치는 것은 놀라운 상황이다. 이는 점진적인 개선과 현재의 추세를 뒤덮는 게임 체인저가 된다. 예측이 구체적일수록 예측을 뒷받침하는 놀라운 일이 훨씬 많아진다. 이는 내가 개별 주식에 거의 투자하지 않는 또 다른 이유이기도 하다. 어떤 기업에 무슨 일이 일어날지 구체적으로 예측해도 대개는 내가 고려조차 하지 않았던 일이 일어나기 때문이다.

더 좋은 방법이 있다. 개인 투자자로서 특정 주식의 가격이 올바르게 책정됐는지 아닌지를 판단하는 특별한 통찰력이 없다면, 지수의 수익성에 연동되는 포트폴리오로 구성한 인덱스 뮤추얼 펀드나 ETF와 같은 혼합 투자 상품으로 수백, 수천 개의 주식을 소유할 수 있다. 그러면 놀라운 일이 벌어지든 아니든 주가가 상승하면 이익을 얻을 수 있다. ETF는 인덱스 펀드를 거래소에 상장시켜 투자자들이 주식처럼 거래할 수 있게 만든 상품이다. 뮤추얼 펀드는 투자자들의 자금을 모아 투자 회사를 설립하여 투자 이익을 나눠 주는 투자 신탁이다.

주식은 투자자가 소유권을 갖는 유가 증권의 한 예다. 특성이 비슷한 파생 상품이나 증권 그룹을 '투자 자산'이라고 한다. 개인 투자자로서 개별 주식보다는 투자 자산 위주로 진행하면 성공할 가능성이 높다. 우리는 전문 투자 자문팀이 관리하는 ETF와 뮤추얼 펀드를 통해 투자 자산에 투자할 수 있다.

불확실한 상황에
적절히 대응하는 방법

50년 이상의 투자 경험을 가진 네드 데이비스는 1978년 월스트리트 위크 방송에 출연할 당시 진행자인 루이스 루키저Louis Rukeyser가 네드의 주가 예측이 얼마나 대단했는지 이야기한 것을 회고했다.

"네드 데이비스는 최근 몇 년 동안 뛰어난 기록을 세웠다. 그리고 대부분 시장의 변동성에서도 압도적인 수익률을 달성했다."

하지만 네드 데이비스는 매년 말에 그가 돈을 많이 벌지 못했다는 사실을 알게 되면서 이렇게 썼다.

나는 자문했다. "내가 그렇게 똑똑하다면 왜 부자가 되지 않지?" 나는 똑똑하고, 열심히 일하고, 심지어 정의롭고 싶다는 불타는 욕망조차도 내 문제가 아니며, 이 문제에 대한 해결책이 아니라는 것을 깨달았다. 내 진짜 문제는 손실을 줄이지 못하는 실패, 훈련과 위험 관리의 부족, 자존심 때문에 실수를 인정하지 못하는 것, 두려움과 탐욕을 통제하는 데 어려움을 겪는 것이었다. 따라서 나는 적절한 투자 전략과 좋은 자금 관리 기법이 부족해서 예측이 좋지 않았고, 그것은 나의 발전을 방해하고 있었다.

투자 전략과 리스크 관리를 통해 데이비스는 레이 달리오가 설명한 것과 같은 과정을 언급하고 있다. "특정 시점에 활용할 수 있는 정보에 적절하게 대응해라." 나는 이것을 현존하는 최첨단에 투자하는 방법이라고 부른다. 새로운 기회에 투자하기 전에 이 책에서 던지는 질문에 답하면, 불확실한 상황에서도 적절하게 행동할 수 있는 중요한 정보를 얻을 수 있을 것이다.

투자와 관련한
수학과 감정

투자 기회를 고려할 때 우리는 '수학'과 '감정'을 이해해야 한다. 수학은 수익을 창출하는 메커니즘을 이해하는 것이다.

'채권 수익률은 현재의 금리 수익률에 의해 어떻게 좌우되는가?'

'주식 수익률은 배당금과 기업 이익 증가에 의해 어떻게 좌우되는가?'

'부동산 수익률은 임대료에 의해 어떻게 좌우되는가?'

다시 말해, 투자에 있어 수학은 특정 주식 또는 자산군이 어떻게 현금 흐름을 창출하는지 이해하는 것이다. 기업가와 잠재적 주식 구매자들은 기업이 어떻게 현금 흐름을 발생시키는지 평가한다.

투자 감정은 투자자들이 투자 현금 흐름을 어떻게 평가하고 있는지를 이해하는 것이다. 투자자들이 투자 현금 흐름에 높은 가치를 부여해서 높은 가격에 입찰하면 예상 수익은 더 낮아질 것이다. 투자자들이 두려움 때문에 투자 예상 현금 흐름에 낮은 가치를 두면 예상 수익은 더 높아질 것이다. 그 이유는 뭘까? 자산군의 밸류에이션(과거 평균 또는 기타 증권과 비교하여 가격이 어떻게 책정되는지를 나타내는 금융 지표)이 평균보다 낮고 투자자들이 비관적일 때 바스켓 안의 개별 주식은 놀랍게도 상승할 가능성이 크기 때문이다. 자산군에는 예상치를 훨씬 뛰어넘는 미래 수익률이 내재돼 있다. 반대로, 완벽을 기하기 위해 높은 가격이 책정된 증권 바스켓을 구입하면 예상에 미치지 못하는 수익률을 기록할 가능성이 크다.

자산군과 관련된 투자 수학과 감정을 아는 것은 마치 아이다호 마을이 폭우로 뒤덮인 여름날, 폭풍이 정확히 어디를 덮칠지는 모르더라도 뇌우가 올 때가 됐다는 것을 아는 기상학자가 되는 것과 같다. 투자 수학과 직관을 아는 것은 현재 가장 앞선 상황에 투자하고 있다는 의미다. 물론 투자에 있어서 중요한 점은 스스로의 감정을 조절하는 것이다. 우리는 다른 투자자들을 공황 상태에 처하게 만든 과대 선전과 두려움에 휘말려서는 안 된다.

처음 투자 기회를 접하게 되면 "알고 투자하는가?"라는 질문에 대답하지 못하는 경우가 많다. 이 책에서 논의할 나머지 9개의 질문을 이용해서 그것이 무엇인지 알아내 보자. 이 질문들은 우리가 특정 투자 기회를 둘러싼 수학과 감정을 결정하는데 도움을 준다. 어떻게 수익이 나는지, 감정이 기대 수익률에 어떤 영향을 미치는지, 다운사이드는 무엇인지, 수수료는 무엇인지, 투자 수단은 무엇인지, 세금을 내면무엇이 남는지, 그리고 성공적인 투자를 위해서 해야 할 일들을 알게 될 것이다.

이런 질문들에 답하다 보면 몰랐던 것이 많았다는 한계를 깨닫게 된다. 모르는것들은 우리가 거만해지거나 큰 실수를 하지 않도록 한다. 투자 원칙과 관련된 이질문들은 불확실성에 직면했을 때 우리에게 확신을 줄 것이다.

•_ 1장 요약

☐ 새로운 투자를 고려할 때 우선 "알고 투자하는가?"라고 질문해야 한다. 우리는 투자한 돈이 어디로 가고 있는지, 누가 팔고 있는지, 그리고 그 돈이 어떻게 긍정적인 수익률을 내는지를 간단히 설명할 수 있어야 한다.

☐ 특정 주식의 가격이 적정한지 판단하는 통찰력이 없다면 인덱스 뮤추얼 펀드나 ETF와 같은 투자 수단으로 수백 개의 주식을 소유하는 것이 더 낫다.

☐ 투자를 설명하는 행위는 우리를 겸손하게 만들고 모르는 것을 깨닫게 도와준다.

☐ 우리가 가족이나 친구가 이해할 수 있는 눈높이에서 투자를 설명할 수 없다면, 투자를 해서는 안 된다.

☐ 투자와 관련된 수학과 감정을 아는 것은 실수를 피하면서 적절한 시기에 올바른 판단을 할 수 있게 한다.

☐ 투자에 있어 수학은 특정 주식 또는 자산군이 어떻게 현금 흐름을 창출하는지 이해하는 것이다. 투자 감정은 투자자들이 투자 현금 흐름을 어떻게 평가하고 있는지 이해하는 것이다.

2
질문

투자인가, 투기인가,
도박인가?

투자 기회를 수익성이 있는지, 수익성이 없는지, 아니면 매우 불확실성이 높은 결과를 얻을 가능성이 더 큰지에 따라 분류하면 투자가 단순해진다. 대부분의 노력을 긍정적인 기대 수익률을 갖는 투자 기회에 집중하면 분석 시간은 줄어든다.

투자와 투기와
도박의 차이점

나는 몇 년 전에 처음으로 그랜드 캐니언을 방문했다. 가족과 나는 협곡 남쪽 가장자리에 멈춰 섰다. 날씨가 추워서 우리는 건축가 메리 콜터Mary Colter가 설계하여 1932년 완공한 데저트 뷰 와치 타워에 모여들었다. 탑의 메인 층에는 창틀에 두꺼운 나무로 장식된 검은 거울이 여러 개 있었다. 거울 중 하나는 17세기 화가 클로드 로랭Claude Lorrain의 이름을 따서 클로드 거울로도 알려져 있다.

클로드 거울에 반사된 그랜드 캐니언의 모습은 전망을 하나의 프레임으로 설정해서 그 웅장한 규모가 한눈에 들어온다. 프레임이란 한계를 설정하는 것이다. 예술가들이 그림을 그릴 장면을 선택하거나 사진작가가 사진을 찍을 대상을 선택할 때, 그들은 프레임을 구성하고 시야를 120도, 주변 시각의 10도 정도로 제한한다. 즉, 프레임은 우리의 물질적 소유를 제한한다. 우리가 추구하는 활동의 개수를 줄이면 그

것 역시 프레임을 구성하는 것이다. 투자를 자산군으로 제한하면 우리는 간단한 용어로 설명할 수 있다.

클로드 거울은 전망을 프레임에 고정할 뿐만 아니라 검은 유리에 희뿌연 필터를 추가하여 우리가 다른 색과 음영 차이를 더 잘 알아차리고 비교할 수 있도록 했다. 클로드 거울이 예술가들이 장면을 단순화하고 프레임을 짜는 데 도움을 주고 다른 색상과 음영을 더 쉽게 비교하도록 만들었듯이, 이 책에 자세히 설명된 10가지 질문 프레임을 사용하면 투자 세계를 단순화하고 다른 투자 기회를 쉽게 비교할 수 있을 것이다.

꼭 구분해야 할
세 가지

우리가 투자를 단순화하고 비교하는 데 도움이 되는 질문은 "투자인가, 투기인가, 도박인가?"라고 묻는 것이다. 이 질문에 답하면 투자 유니버스는 다음 세 가지 영역으로 나뉜다.

- **투자**: 수익 가능성이 더 높은 기회.
- **투기**: 투자 결과가 매우 불확실한 기회.
- **도박**: 돈을 잃을 가능성이 높은 기회.

나는 어렸을 때 비록 그 단어들의 의미는 알 수 없었지만 투자와 투기, 도박의 차이를 일찍 알아차렸다. 초등학교를 다녔던 신시내티에서는 매년 가톨릭 교구에서 기금 모금 축제를 열었다. 부모님은 내게 다양한 부스와 행사에 쓸 수 있는 티켓을 구입할 5달러를 주곤 했다. 내가 가장 좋아하는 부스는 '우체국'이라는 게임이었다. 나무 상자에 끼워진 10개의 창문 중 하나를 선택하면 되는데, 창 뒤에는 예쁘게 포장된 상품들이 잔뜩 쌓여 있었다. 그게 다였다. 표를 내고, 창문을 고르고, 상품을 받는다. 그 게임의 묘미는 어떤 상품을 받는지 알 수 없는 불확실성에 있었다. 그리고 5살 된 내 마음속에서는 그 게임으로 받는 상품이 내가 지불한 값보다 항상 더 가치 있었다. 그것은 나에게 긍정적 보상이었다.

투자란
무엇인가?

투자 회사 제본스 글로벌의 설립자인 킹슬리 존스Kingsley Jones는 금융 리터러시에 관한 논문에서 투자를 '합리적인 통계적 신뢰도를 지닌 긍정적인 수익 내기'라고 설명했다. 이 말은 우체국 게임을 한 내 경험을 묘사한다. 그것은 통계적으로 나에게는 항상 초기 투자보다 더 가치 있는 상으로 보상해 주는 내기였다. 물론 자선 행사라는 점을 감안하면 실제로 그 상은 내가 지불한 것보다 가치가 적었을 것이다. 하지만 내 돈이 아닌 부모님의 돈으로 즐겼던 그 게임은 항상 나에게 긍정적인 보상을 줬다. 진정한 투자는 투자자가 공짜 돈으로 즐겼기 때문이 아니라, 자산 자체의 속성 때문에 긍정적인 기대 수익률을 얻는 것이다.

예를 들어 주식, 채권, 부동산은 긍정적인 기대 수익률이 있기 때문에 투자로 분류할 수 있다. 이런 투자는 일반적으로 배당금, 이자 또는 임대료의 형태로 소득을 창출하기 때문에 통계적으로 신뢰할 수 있다. 주식이 배당금을 지불하지 않아도, 보통 자회사가 모회사에 재투자되는 수익을 갖고 있기 때문에 언젠가는 모회사가 배당금을 지급할 수도 있다. 물론 투자가 항상 긍정적인 수익을 창출하는 것은 아니지만 장기적으로는 그렇게 될 것이라는 합리적인 기대가 있다.

투기란
무엇인가?

내가 자란 마을은 매년 축제를 열었는데 한 관광 회사에서 게임 부스를 설치했다. 나는 고리 던지기 게임에서 이기면 주는 수갑이 갖고 싶었다. 사흘 동안 부모님과 왜 그 게임에 돈을 걸어야 하는지 토론을 벌였다. 나는 부스 옆을 지나면서 고리를 던지고 수갑을 받는 상상을 하곤 했다. 마침내 축제 마지막 날, 나는 돼지 저금통에서 돈을 꺼내 부스로 갔다.

킹슬리 존스 박사는 이런 투기를 '수익률의 표시에 대해 실질적인 의견 불일치가 있는 내기' 또는 '금융 상품의 가격이 상승할 것인지 하락할 것인지에 대한 내기'라고 설명했다. 고리 던지기 게임은 조작되지 않았으며 단순히 기술을 요하는 게임이었다. 대부분의 참가자가 이길 만한 기술이 없었기 때문에 그 부스는 계속 진행됐다. 그 누구도 승패가 불확실했다. 슬프게도 나는 기술도 없고 운도 없는 것으로 판명됐다. 나는 돈을 잃고 수갑도 따지 못했다.

투기 수익률에 대한 불확실성은 보통 자산이 이자, 배당금, 임대료의 형태로 창출하는 소득이 없기 때문에 생긴다. 투기로 이익을 낼 수 있는 유일한 방법은 당신이 지불한 것보다 더 많은 돈을 기꺼이 지불할 생각이 있는 미래의 누군가에게 자산을 파는 것이다. 미래의 투자자들이 그 항목에 더 많은 돈을 지불할 의향이 있는지는 알기 어렵다. 투기 자산의 예로는 그림과 골동품 같은 수집품, 금 및 석유 선물과 같은 상품, 미국 달러를 포함한 통화, 비트코인과 같은 가상 화폐 등이 있다.

비트코인,
현대판 튤립 투기 사건

배트맨 만화책 시리즈를 살지 말지를 고민하는 친구가 있었다. 상태가 최상급은 아니지만 5만 달러 이상으로 거래됐다. 과연 적당한 값일까? 알 도리가 없다. 투기꾼들이라면 기꺼이 그만한 대가를 치를 것이다. 만화책 투기는 튤립 투기와 다를 바 없다.

16세기 후반, 여행자들이 터키에서 가져온 튤립이 네덜란드에 처음 소개됐다. 수집가들은 취미로 거래를 시작했고 결국 튤립 구근을 팔기 시작했다. 17세기 초까지 점점 더 많은 사람들이 튤립 무역, 특히 희귀하고 이국적인 튤립 구근에 매혹됐다. 1618년, 네덜란드 식물학자 요스트 판라벨링언Joost van Ravelingen은 네덜란드 튤립 열풍에 대해 이렇게 말했다.

"이 나라 사람들은 가장 불타는 듯한 붉은 색이고, 마치 날개가 달린 듯하고, 얼룩이 있고, 꽃잎 모양이 들쭉날쭉하거나 갈기갈기 찢기고, 가장 다양한 변형이 있는 튤립을 가치 있게 여긴다. 가장 소중하게 여기는 것은 가장 아름답거나 좋은 것이 아니라 가장 희귀한 것이다."

튤립 구근의 가격은 1620년대와 1630년대에 걸쳐 상승했다. 1630년대 중반에는 경매 또는 개인 판매를 통해 튤립 구근을 거래하기 위해 수많은 파트너십과 회사가 만들어졌다. 그 후 튤립 구근의 가격은 1636년 여름부터 1637년 2월에 폭락하기 전까지 치솟았다. 1630년대 네덜란드에서 발생한 이 투기 사건을 '튤립 마니아'라고 한다. 앤 골드거Anne Goldgar는 저서 《튤립마니아Tulipmania》에서 투기 광풍에 대해 다음과 같이 썼다.

이후에도 일어난 금융 위기들에서 볼 수 있듯이 비합리적이라고 말하는 건 쉽다. 하지만 실제로는 투기가 일어난다. 상품을 구입하면 높은 가격에 팔 수 있는지 예측하기 어려우나, 어차피 가격 폭락은 일어난다.

비트코인은
투자인가 투기인가?

가상 화폐인 비트코인이 현대판 튤립 마니아일 수도 있다. 나는 일부를 투기 삼아 소유하고 있다. 나는 비트코인을 꽤 자세히 공부했고 비트코인이 무엇인지, 어떻게 작동하는지 설명할 수 있다. 내 투자 논문은 '비트코인이 2,100만 개의 코인으로 공급이 제한됐기 때문에 더 가치가 있을 것이다'라는 내용이었다. 그러나 이것은 참가자들이 믿고, 소유하고 싶을 때만 효과가 있다. 만약 비트코인이 사람들의 관심에서 벗어나 가격이 하락하고, 단지 유행이었던 것으로 판명되면 나는 이 투기에서 돈을 잃을 것이다.

2018년 1월, 개당 1만 7,000달러였던 비트코인은 40% 하락해 1만 달러가 조금 넘는 수준으로 떨어졌다. 나는 팟캐스트 청취자로부터 비트코인 가격 급락에 대해 어떻게 생각하냐는 이메일을 받았다. 또 그날 한 친구는 나에게 비트코인을 더 사야 하는지 묻는 문자를 보냈다. 투기는 자산의 가격 상승 또는 하락 여부가 극도로 불확실하다는 것을 의미한다. 40% 하락은 급락이 아니다. 급락이란, 가격이 계속 상승하기 전의 일시적인 후퇴를 의미하기 때문이다. 투기 자산이 반등할지 아니면 계속 폭락할지는 알 방법이 없다. 가격이 너무 높은지 낮은지를 판단할 수 있는 소득이 없기 때문에 정확한 가격이 없다.

투자는 자산이 역사적 평균보다 가치가 더 높거나 낮은지를 객관적으로 판단할 수 있는 방법이 있기 때문에 투기와 다르다. 예를 들어 주식을 보유하면 투자자들이 1달러어치의 수익을 위해 기꺼이 지불할 수 있는 가격을 관찰할 수 있는데, 이는 현재 시장에서 매매되는 주식의 값을 주당 순이익으로 나눈 주가 수익률[PER]로 알려져 있다. 투자자는 주식의 현재 주가 수익률을 역사적 주가 수익률, 동일 업종 내 기업들의 주가 수익률과 비교할 수 있다. 이를 통해 투자자는 역사적 평균에 비해 주가가 더 낮거나 더 높은 평가를 받는지를 비교하고 판단할 수 있다.

투기에서는 자산이 저렴한지 비싼지 여부를 판단하기 위해 가격을 비교할 수익이나 소득 흐름이 없으므로 역사적 비교가 어렵다. 가진 것은 과거의 가격 흐름과 특정 투기 자산에 대한 수요와 공급에 관한 자료뿐이다.

투기는
무조건 나쁜가?

  나는 대형 상품 선물 거래소에서 일하는 전문 상품 트레이더를 많이 알고 있다. 상품이란, 농산물(밀, 옥수수), 금속(구리, 금), 에너지원(석유, 천연가스) 같은 실물 자산이다. 이 트레이더들은 다른 트레이더들, 컴퓨터 알고리즘과 경쟁하며 극도로 치열하게 일한다. 한 원유 트레이더는 나에게 "고객의 흐름을 파악하지 않고는 누구도 석유를 거래할 수 없다"라고 말했다. 그 말은 원유 트레이더가 석유가 얼마나 생산되고, 정제되고, 소비되고, 저장되고 있는지, 그리고 원유 선물을 사들이는 투기자들과 헤지펀드들의 주문 흐름 데이터를 볼 수 없다면 원유 거래에서 돈을 벌기란 극히 어렵다는 뜻이었다. 그런 지식을 가진 전문 트레이더들조차 이제는 컴퓨터 알고리즘과 경쟁하기 때문에 원유 선물에서 이익을 얻기 어렵다는 사정을 알게 됐다.

미국 상품 선물 거래 위원회는 상품 선물 계약을 '미래 시점에 특정 상품을 매입하거나 매도할 수 있는 합의서'라고 설명한다. 선물 시장의 참여자는 대부분 기초 상품의 큰 가격 변동으로 인한 손해를 보호하려는 농부나 광부 같은 상품 생산자들이다. 상품 선물 시장의 또 다른 참여자들은 가격 변동으로 이익을 얻으려는 투기꾼들이다. 투기꾼에는 단순히 원유 가격이 오를 거라고 믿는 개인 투자자를 포함한다. 이들의 믿음에는 근거가 없다. 단지 석유 가격이 하락했기 때문에 다시 곧 반등할 것이라 예상한다. 이것을 '저가 매수한다'고 일컫는다.

원유는 투자를 설명할 수 있어야 하는 하나의 예시가 될 수 있다. 원유 투기는 금을 모으는 것처럼 지하 창고에 모아 두는 방법으로 투기할 수 없다. ETF 등 투자 수단 역시 원유를 쉽게 사고팔 수 없다. 원유 선물 계약을 사고팔아야 한다.

원유 선물 계약의
원리

투자자들은 원유 선물 계약을 할 때 미래 특정 시점에 원유를 인도받기로 약속한다. 실제로 투자자들은 보통 이 계약이 끝나기 전에 종료하기 때문에 실제로 인도받지 않거나, 일부 원유 선물 계약들은 현금으로 결제된다. 미래에 인도되는 원유 가격은 현물 가격과 일반적으로 차이가 난다. 현재 오클라호마주 쿠싱으로 인도된 경질유의 배럴당 가격이 60달러라도, 한 달 뒤 인도될 경질유의 배럴당 선물 계약 가격은 64달러가 될 수도 있다. 만약 투자자들이 배럴당 64달러로 선물 계약을 체결한다면, 한 달 뒤 원유 현물 가격이 64달러를 넘어야만 이익을 볼 수 있다. 63달러까지 오르면 현재가보다 비싸긴 하나 투자자 입장에서는 여전히 손해다.

선물 계약 투자는 가격을 체결한 시점에 예상한 것보다 계약 만료 시의 가격이 높은 경우에만 돈을 번다. 따라서 투자자가 원유를 투기할 땐 단지 원유 가격이 상승할 것이라는 생각뿐만 아니라 다른 투기자들의 예상보다 더 오를 것이라는 기대도 하고 있다.

이 원리가 헷갈릴 수 있지만 원유 선물은 우리가 왜 투자를 이해해야 하는지를 알려 주는 좋은 예시다. 단지 가격이 오를 거라는 느낌으로 투자하는 것은 장기적으로 좋지 않다. 불행히도, 투기는 종종 느낌에 근거해 만들어진다. 나 또한 느낌으로 투기해 봤기에 잘 안다.

투기는 포트폴리오의
10% 미만으로

내가 투자 자문관이었을 때, 코네티컷의 대저택에 위치한 원자재 상품 헤지 펀드사를 방문한 적이 있다. 거래소 한쪽에는 원자재를 거래하는 알고리즘을 구축, 시험, 실행하는 수학 천재들이 깔끔하고 정돈된 책상에 앉아 있었다. 맞은편에는 전문 트레이더들이 앉아 있었는데 그들은 자신의 본능과 지식으로 거래를 했고 더 느긋해 보였다. 그들의 책상은 스트레스를 해소하기 위한 물건들로 가득해 아주 지저분했다. 그들은 뛰어난 트레이더들이었기 때문에 헤지 펀드에서 일하고 있었다. 나도 그들을 직접 보고 일하면 트레이더가 될 수 있다고 생각했다.

투자 사업을 그만둔 후, 나는 몇 년 동안 혼자 트레이딩을 시도했다. 계좌를 개설하고 원유 선물, 귀금속, 금리 선물, 통화 등을 거래했다. 하지만 고객 흐름에 대한 정보가 없었다. 나는 가격 동향과 경제 자료에 근거한 감각만 갖고 있었다. 몇몇 거래는 수익이 났지만 대부분은 손해를 봤다. 또한 이것이 시시각각으로 변동성이 높다는 것을 발견했다. 6개월 후 나는 실험을 끝냈지만 은 투자의 오픈 포지션을 종료하는 것을 잊고 한 번에 2만 달러를 잃을 뻔한 적도 있다.

트레이더로서의 짧은 커리어 동안 나는 꾸준한 이익을 확보할 만한 경쟁력이 없다는 것을 깨달았다. 나는 종종 가격이 상승하길 바라며 매수하는 투기를 했다. 물론 나는 이것이 실험이었기 때문에 소액을 걸었다. 하지만 근거 없는 자신감 때문에 더 많은 돈을 잃고 이런 교훈을 얻은 사람들도 있다. 그들은 끔찍한 재정적 손실을 입는다.

투기 자체에는 문제가 없다. 하지만 투기 자산의 적정가를 예측할 방법이 없다는 점을 감안해서 투자 포트폴리오의 10% 이내로만 할당해야 한다. 당신의 포트폴리오와 연구 시간 대부분은 플러스 기대 수익을 가진 투자에 집중돼야 한다. 결과적으로, 이 책의 대부분은 투기가 아니라 투자를 다루고 있다.

투자가
도박이 되는 순간

가톨릭 축제에서 딱 한 번 참여했던 게임이 있다. 특정 번호에 내기를 거는 '빅 식스'라는 게임이었다. 참가자들이 베팅을 끝내면 딜러가 고무 포인터를 때리는 금속 핀으로 나무 바퀴를 돌린다. 바퀴가 멈출 때 포인터가 향하는 번호가 이긴다. 그곳에 얼마나 많은 숫자가 있었는지는 기억나지 않지만 바퀴가 딸깍대는 소리와 이기지 못했을 때 느꼈던 실망감은 기억난다.

네바다 주립대의 게임 연구 센터는 2007년 1월부터 2010년 12월까지 애틀랜틱 시티 카지노에서 빅 식스 게임 한 판의 결과를 측정했다. 이 게임은 45 대 1의 높은 보상을 제공했고, 이는 한 참가자가 1달러로 45달러를 받을 수 있다는 것을 의미한다. 4년 동안 빅 식스 참가자들의 월평균 승률은 42.25%로 집계됐다. 게임 연구 센터는 참가자의 약 60%가 패하는 빅 식스를 "도박꾼들이 카지노에서 가장 심하게 베팅하는 게임 중 하나"라며 피해야 할 게임으로 결론지었다.

킹슬리 존스 박사는 도박을 "합리적이고 통계적인 신뢰성과 더불어 예상되는 마이너스 수익의 내기"라고 설명한다. 만약 오랜 시간 동안 도박을 한다면 손실을 더 많이 볼 것이고 결국 모든 돈을 잃게 될 것이다. 존스는 "금융 상품으로 긍정적인 수익을 기대할 수 없는 사람은 도박으로 돈을 잃는 경험을 해서 깨달아야 한다"라고 말했다.

도박과 유사한
바이너리 옵션

바이너리 옵션은 계약에 따라 도박과 유사해지는 금융 상품이다. 이것은 투자자가 프리미엄을 지불하는 옵션 계약을 기반으로 기초 자산의 가치가 증가하거나 감소할지 여부에 내기를 거는 유가 증권이다. 만약 옵션이 목표가보다 높거나 낮은 금액으로 마감된다는 내기에서 투자자에게 유리한 한 가지 조건만 만료되면 투자자는 계약당 100달러를 받는다. 하지만 그렇지 않으면 투자자는 지불한 프리미엄 전액을 잃게 된다. 바이너리 옵션으로 내기하는 시간대는 몇 분, 몇 시간, 하루 또는 몇 주가 될 수 있다. 바이너리 옵션 거래소인 나덱스는 이 옵션에 대해 "조금만 맞혀도 최고 이익을 얻을 수 있다"라고 말한다. 조금만 틀리면 최대 손실을 입는다고는 말하지 않는다.

나덱스는 거래소이므로 모든 거래에는 승자와 패자가 있다. 따라서 거래소에서 바이너리 옵션을 거래하는 것은 투기에 가깝다. 그러나 일부 바이너리 옵션 시장은 단순한 교환이 아니다. 어떤 트레이더들은 계약을 구성하고, 자본을 위태롭게 다루며, 자체 자원에서 이익을 내는 옵션 스폰서와 직접 교류한다. 이는 명백한 도박이다. 왜냐하면 거래자의 예상 수익이 플러스였다면 옵션 제공자는 마이너스 예상 수익을 얻기 때문이다. 슬롯머신이 가져가는 것보다 더 많은 돈을 지불하면 카지노가 파산하는 것처럼 옵션 스폰서는 결국 파산할 것이다. 그러므로 우리가 누구와 거래하고 있는지, 그리고 금융 기회가 어떻게 구조화됐는지 알아야 투자, 투기, 도박을 구분할 수 있다.

기초 자산의 특성에 따라 투자, 투기, 도박을 분석하는 것에 초점을 맞췄지만 우리는 개인 투자자로서 나의 포트폴리오 자산이 투자인지, 도박인지도 분석해야 한다. 투자를 이해하지 않으면 긍정적인 기대 수익을 제공하는 것으로 알려진 자산이라도 손실을 입을 수 있다. 이는 투자보다 도박에 가깝다. 투자 기회에 대한 구체적인 질문에 답하는 투자 원칙은 도박을 하지 않도록 도울 것이다.

•_ 2장 요약

☐ 클로드 거울이 예술가들에게 장면을 단순화하고 프레임을 짜는 데 도움을 준 것처럼, 이 책의 10개 질문은 당신의 투자관을 단순화하고 투자 기회를 더 쉽게 비교할 수 있게 한다.

☐ 투자는 주로 긍정적인 기대 수익을 가진 자산이며 현금 흐름 구성 요소가 있다. 투자의 예로는 주식, 채권, 부동산 등이 있다.

☐ 투기는 결과가 매우 불확실하고 가격이 오를지 내릴지 예상하는 의견의 불일치가 있는 자산이다. 투기의 예로는 예술 및 골동품 같은 수집품, 금 및 석유 선물 상품, 달러를 포함한 통화, 비트코인 같은 가상 화폐 등이 있다.

☐ 투자는 대개 수익을 창출한다. 또한 자산이 역사적 평균보다 더 가치가 있는지 판단할 수 있는 주가 수익률 같은 객관적인 측정법이 있다는 점에서 투기와 다르다.

☐ 우리는 포트폴리오의 10% 이내만 투기에 할당해야 한다. 나머지 90%는 플러스 기대 수익이 있는 투자에 집중해야 한다.

☐ 도박은 마이너스 기대 수익을 내는 내기이며, 단지 즐거움을 얻기 위해서만 해야 한다.

3

질문

수익을 내는
조건은 무엇인가?

우리는 투자 예상 수익률을 추정하기 위해 경험 법칙을 사용한다. 이 법칙은 서로 다른 기회를 비교하며 가정이 합리적인지 확인할 수 있게 해 준다.

과거의 성공을
맹신하지 마라

∧
∧
∧

내 팟캐스트를 듣는 한 청취자는 재정적인 곤경에 처해 있다. 그것은 좋은 곤경
이지만 그는 지칠 대로 지쳐 있었다. 그는 주식 초기 공모를 마친 스타트업 기업에
근무하고 있다. 이 말은 회사가 설립자, 후원자, 그리고 현재 진행 중인 사업 운영을
위해 처음으로 투자자들에게 주식을 팔았다는 뜻이다. 청취자는 150만 달러를 벌었
고 이는 상당한 횡재였다. 하지만 그는 "중하층 가정 출신이라 돈이 많을수록 걱정
이 크다"라고 말했다. 그는 재무 설계사의 도움을 받기로 결심했다. 그리고 다음과
같이 말했다.

"재무 설계사는 미래 소득, 주택 등에 대한 다양한 시나리오를 알려 줬습니다. 현
재 비용을 유지할 수만 있다면 은퇴 전에 재정적으로 독립할 수 있고, 상당한 유산을

남길 가능성이 매우 높았어요. 잘된 일이죠."

청취자는 나에게 현재 상황을 차트와 그래프로 가득한 다섯 가지 금융 시나리오로 비교하는 79페이지짜리 재정 계획안을 보냈다. 그는 41세에 순자산 180만 달러를 갖고 바로 은퇴할 수 있고, 7.6%의 예상 포트폴리오 수익을 달성하면 자산을 유지할 수 있다는 결론을 내렸다.

그 결론은 나를 잠시 멈추게 했다. 예상 연간 누적 수익률로 7.6%는 높아 보였다. 계획안에 자산 등급 수익률 가정이 있었는데, 이 계획은 주식과 채권의 미래 수익률이 과거와 같을 것이라고 가정했다. 나 역시 투자 초기에는 과거의 역사적인 수익률을 미래 기대 수익률로 본 적이 있다. 하지만 모든 투자금을 다 잃고 나서야 과거의 수익률이 미래에도 반복될 것이라 믿는 가정이 얼마나 위험한지 깨달았다. 지금부터 그 교훈을 배운 일화를 소개하겠다.

모두에게 설명할 수 있는
명확한 계획이 필요하다

"만약 이 자리에 참석하지 않은 다른 임원에게 설명할 수 있을 정도로 명확하지 않다면 투자할 생각이 없다."

나는 첫 번째 고객 중 한 명이었던 대학 투자 위원이 나에게 한 말을 공유했다. 1998년 1월, 위원회 회의에서 나는 기존에 그들이 투자하지 않았던 새로운 자산 유형을 소개했다. 바로 고수익 채권이나 정크 본드로도 알려진 '비투자 등급 채권'이었다. 채권은 정부와 기업이 프로젝트 운영 자금을 조달하고자 발행하는 채무 상품이다. 기업은 투자자에게 부채 이자를 지급하고 채권이 만기되면 원금을 반환한다. 채권은 만기 전에 양도성 예금 증서^{CD}보다 더 쉽게 팔 수 있다. 또 양도성 예금 증서와 달리 금리가 변하면 가격이 요동칠 수 있다.

위원들은 기존 채권 투자에는 익숙했지만 고수익 채권은 생소했다. 고수익 채권은 부채가 많고 이자 지급 후 초과 현금 흐름 측면에서 완충력이 적어 리스크가 큰 기업들이 주로 발행한다. 대부분의 채권은 발행자의 채무 불이행^{Default} 가능성, 즉 이자나 원금 지급을 하지 않을 가능성에 근거하여 채권 평가 기관에서 등급을 매긴다. '투자 등급 채권'이 가장 안전하고 채무 불이행 위험이 매우 낮다. 반면 고수익 채권인 '비투자 등급 채권'은 채무 불이행 위험이 높지만 이자율도 높아 채무 불이행을 하지 않는다면 투자자에게 더 많은 수익을 창출한다.

나는 비투자 등급 채권을 잘 몰랐다. 대부분의 지식은 고수익 채권 매니저들에게 들은 것이었다. 그럼에도 나는 투자 위원들에게 고수익 채권을 설명했고 위원들은 포트폴리오의 5%를 자산 범주에 할당하기로 결정했다. 그들은 다음 분기 회의에서 배분을 감독할 고수익 채권 매니저를 선정하기도 했다. 사무실로 돌아오자 자문사의 설립인인 프레드가 나에게 일이 어떻게 진행되는지 물었다. 나는 그에게 대학이 어떻게 고수익 채권에 투자하기로 했는지를 자랑스럽게 말했다. 그러자 그가 내게 말했다.

"도대체 왜 그런 걸 추천했어?"

그때는 맞지만
지금은 틀린 투자

그의 비판적 어조에 당황한 나는 어떤 훌륭한 조언자가 투자 결정을 정당화하기 위해 사용하는 기본 이유를 내세웠다. '다각화^{Diversification}'라고 말이다. 만약 투자 포트폴리오가 냄비에 담긴 수프라면, 다각화는 수프를 더 맛있게 만들기 위해 재료를 추가하는 것을 의미한다. 새로운 재료를 추가해서 기대 수익을 높이거나 예상 변동성을 낮춘다. 당시 나는 대학의 투자 수프에 고수익 채권 향신료를 첨가하는 것이 현명하고 맛있는 조치라고 생각했다.

하지만 프레드는 왜 고수익 채권에 투자하기에 좋지 않은 타이밍인지 여러 이유를 들었다. 일단 그 업종에 너무 많은 투자금이 유입돼 수익률이 떨어지고 기대 수익률도 낮아졌다. 또한 인터넷 확장을 위해 통신 인프라를 구축하기 위해 회사가 발행하는 채권이 너무 많았으며, 이는 향후 과잉 생산 능력과 더 높은 채권 채무 불이행으로 이어질 수 있고 수익도 감소될 수 있다.

프레드의 이유는 미래 지향적인 반면 이 고객에게 고수익 채권을 추천한 나의 이유는 과거 지향적이었다. 고수익 채권이 지난 5년간 믿을 수 없을 정도로 좋은 성과를 거두었으니 나는 앞으로도 그럴 것이라 기대했을 뿐이다.

결국 프레드가 옳았다. 고수익 채권 매니저는 1년 동안은 잘 해냈지만 통신 인프라 수요가 너무 많다는 것이 분명해지자 고수익 채권의 채무 불이행률도 상승했다. 그러자 대학의 보수적인 채권 매니저보다 저조한 성과를 냈다. 그 후 나는 몇 년 동안 매 분기마다 위원회 위원들에게 고수익 채권의 수익률이 왜 그렇게 형편없었는지 설명해야만 했다. 투자로 인한 손실은 없었지만 대학의 전체 수익률은 기존의 보수적인 채권 매니저보다 뒤처졌다. 나는 그렇게 끔찍하고 형편없는 자산군을 추천했다는 느낌을 결코 잊을 수 없다.

투자를 위해
모든 것을 알 필요는 없다

나의 실수는 고수익 채권의 과거 수익률에 푹 빠진 것이었다. 나는 과거에 수익률이 좋았던 주요 원인과 현재 투자 시점의 차이를 고려하지 않았다. 그냥 미래에도 과거와 같은 높은 수익률을 유지할 수 있을 거라고 판단했다.

이 시점에서 당신은 이렇게 생각할지도 모른다. "나는 미래의 수익률을 알기 위해 채권이나 주식을 조사할 시간이나 기술이 없다." 그렇지만 이는 당신이 생각하는 것만큼 어렵지 않다. 투자에 대해 모든 것을 알 필요는 없다. 단지 효과적인 결정을 내릴 수 있을 만큼 충분히 알면 된다. 지금부터 설명해 주겠다.

몇 년 전, 나는 아내 라프리엘과 한 달 동안 멕시코 남부에서 겨울을 보냈다. 폭스바겐 골이라는 차량을 렌트했다. 1.6리터의 엔진, 101마력의 브라질 차량이었고

4단 수동 변속기를 갖고 있었다. 계약할 때 '선택적' 보험 적용을 거절하자, 플라야 델 카르멘에 있는 버짓 렌터카 회사가 내 아메리칸 익스프레스 카드에서 보증금으로 9,200달러를 가져갔다.

여행 몇 주 후, 우리는 북미에서 가장 가파른 길의 언덕과 마주했다. 나는 그곳에서 잠시 망설이다가 다시 출발을 시도했다. 언덕의 중간쯤은 2단 기어로 이동할 만큼 높았다. 5초 후 경사가 더 가파르게 올라갔고, 더 이상 2단 기어로는 올라갈 수 없었다. 폭스바겐은 내가 1단 기어로 넣기 전에 멈췄다. 우리는 그곳에 멈춰섰다. 브레이크와 클러치에 번갈아 발을 얹고, 등을 좌석에 대고 하늘을 바라봤다. 가장 먼저 떠오른 것은 유타주의 모아브에서 찍은 한 영상이었는데, 통제가 안 되는 지프차가 가파른 경사면을 따라 후진하다가 추락하는 장면이었다. 두 번째로 떠오른 것은 9,200달러의 자동차 보증금이었다.

접근 방식을 결정하는
유효 이론

하버드 물리학자 리사 랜들^{Lisa Randall}은 이런 글을 썼다.

우리는 모두 '유효 이론'의 관점에서 일한다. 우리는 실제로 보고 경험하고 측정한 것과 일치하는 설명을 찾는다. 우리가 집중해야 할 것을 파악하는 과정에서 확실성이 높은 사안을 나에게 유효한 영역에 넣는 과정은 실용적이고 가치 있다. 일단 유효 영역에 들어온 사안은 그 너머에 근본적인 진실이 있을 수 있다.

그는 붕괴되지 않는 다리를 건설하거나 위성을 우주로 보낼 때 뉴턴의 법칙이 어떻게 작용하는지 설명한다. 나는 언덕에서 폭스바겐 골의 브레이크를 풀 때 클러치를 빨리 잡을 수 없다면 어떤 일이 일어날지 설명할 수 있다. 그러나 랜들은 "뉴턴의 법칙은 비교적 낮은 속도와 큰 거시적 물체에 작용하는 근사치"라고 말한다. 양자 역학과 상대성 이론은 뉴턴의 법칙의 기초가 되는 이론이다. 언덕 위에서의 곤란한 상황에서 벗어나기 위해 양자 역학까지 알 필요는 없다. 다만 중력에 대해 알아야 했다. 나는 차를 뒤로 젖히는 것이 앞으로 나아가려다 제때에 차에 기어를 넣지 못해서 발생하는 잠재적인 피해를 막기 위해 기꺼이 지불할 대가라고 판단했다.

유효 이론은 우리가 삶의 모든 영역에 접근하는 방식이다. 모든 주제에 대한 모든 세부 사항을 알기에는 정보가 너무 많다. 랜들은 다음과 같이 말했다.

"우리는 필요하다면 로드맵을 이용해야 한다. 고속도로를 질주할 때 주변의 모든 도로를 알 필요가 없는 것과 마찬가지다."

우리의 로드맵은 바로 '경험 법칙'을 사용하는 것이다.

장기 수익의 기본이 되는 세 가지 법칙

경험 법칙은 기본 원칙에서 나온 간단한 패턴이다. 이는 특정 문제를 해결할 때 효과적인 이론을 빠르게 적용할 수 있다. 예를 들어 당신이 여행을 자주 간다면, 모든 숙소의 샤워기의 작동 방식을 아는 일은 작은 도전이 될 것이다. 수도꼭지의 작동 방식은 놀라울 정도로 다양하기 때문이다.

샤워기를 작동시키는 세 가지 경험 법칙은 다음과 같다.

1. 물을 튼다.
2. 온도를 조절한다.
3. 목욕 대신 샤워를 할 수 있는 방법으로 작동한다.

당신은 수도꼭지의 복잡한 내부 작동 방식을 몰라도 샤워를 할 수 있다. 경험 법칙을 이용하기 때문이다. 숙소마다 샤워기가 조금씩 다를 수는 있지만 기본적인 작동 원칙은 같다. 물을 틀고, 온도를 조절하고, 샤워기 헤드로 물을 끌어온다.

마찬가지로 주식, 채권, 부동산 등 자산군의 장기 수익을 결정하는 기본 원칙이 있다. 이를 이용하면 미래 수익을 추정하는 경험 법칙을 개발할 수 있다. 자산군의 성과를 결정하는 세 가지 요인은 다음과 같다.

① 현금 흐름

자산 소유자에게 배분되는 이자, 배당금 또는 임대료 수입이다. 수익 추정을 위해 이익은 배당 수익률이나 채권 수익률과 같은 자산 시장 가치의 백분율로 표시된다.

② 현금 흐름 증가

시간이 지나면서 소득 또는 현금 흐름이 증가하는 방식. 이는 일반적으로 주당 배당금이나 수익의 연간 백분율 증가율로 표시된다.

③ 가치 평가의 변화

투자자가 현재와 미래의 소득 흐름에 기꺼이 지불할 금액. 이 가격 재조정은 일반적으로 주식의 주가 수익률이나 주가 배당 비율처럼 수익과 관련된 평가 척도가 변하면서 자산의 연간 백분율 변화율로 표시된다.

①과 ②는 현금 흐름이 생성되고 증가하는 방식과 관련된 투자 수학을 반영한다. 채권의 경우, 수익은 주로 투자가 시작될 당시의 금리에 따라 정해진다. 채권은

가변금리채권을 제외하면 대부분 수령한 이자 지급액이 한 기간에서 다음 기간까지 동일하게 유지되기 때문에 현금 흐름이 증가하지 않는다.

③은 투자자가 현금 흐름에 얼마만큼의 돈을 지불할 의향이 있는지에 대한 투자 감정을 반영한다. 회사채 투자에 대한 감정은 투자자들이 잠재적 채무 불이행 리스크를 보상하기 위해 상대적으로 리스크가 없는 미국 국채 수익률 이상으로 투자자들이 요구하는 가산 금리 수익률이나 스프레드의 변동에 반영된다.

고위험 투자는
무조건 피해야 할까?

1990년 미국의 경기 침체가 진행되는 동안 투자자들은 고수익 채권 채무 불이행을 방지하기 위해 거액의 프리미엄을 요구했다. 투자자들은 불안했고, 그 결과 고수익 채권은 10년 만기 미국 국채보다 12% 더 많은 수익률을 기록했다. 8년 후 내가 대학 투자 위원에게 '비투자 등급 채권'을 권했을 때, 고수익 채권과 10년 만기 미국 국채 사이의 스프레드는 3% 미만으로 떨어졌다. 이는 해당 섹터의 높은 수익률을 맛본 열성 투자자들이 고수익 채권 뮤추얼 펀드에 대규모로 유입되면서 발생했다.

대학이 투자를 한 지 거의 3년이 지난 2000년 12월에 비투자 등급 채권 수익률의 스프레드는 9%로 돌아왔는데, 이는 채권 수익률이 상승하고 채무 불이행이 증가함에 따라 채권 가치가 하락했다는 뜻이다.

나는 투자를 권고하기 전 채권 투자에 대해 더 잘 알았어야 했다. 투자를 시작할 때 고수익 채권 스프레드가 3%가 아닌 9%였던 2000년처럼, 스프레드가 높고 투자자들이 두려워했을 때 고수익 채권에 투자하는 것이 더 나았을 것이다. 불황기에 채무 불이행이 발생할 가능성이 늘어나더라도 미국 국채보다 더 높은 수익률을 얻으면 채무 불이행을 보상하고도 남는다.

2008년 글로벌 금융 위기가 닥쳤을 땐 채권 투자와 관련한 수학적 계산과 감정을 훨씬 더 잘 이해할 수 있었다. 2009년 초에는 고수익 채권이 10년 만기 국채보다 17% 더 높은 수익률을 올렸다. 그런 환경에서 전체 금융 시스템이 무너지지 않을 것이 분명해지자 우리는 고객의 고수익 채권에 대한 배분과 개인 포트폴리오 배분을 늘렸다. 이번에는 고객들이 채권 투자자로 두 자릿수의 수익률을 거두며 투자를 성공적으로 해냈다.

채권 수익률을
추정하는 방법

채권에 대한 다음 내용은 약간 어려울 수 있어 몇 번 더 읽는 게 좋을 것이다. 채권의 기본을 이해하면 채권 투자의 경험 법칙을 파악할 수 있다. 개별 채권, 채권 뮤추얼 펀드 또는 채권 ETF의 수익률을 추정하기 위해 필요한 주요 정보는 '채권 또는 펀드의 만기 수익률'이다. 이는 만기된 채권 또는 펀드가 보유한 채권에 대한 연간 수익률을 추정한 값이다. 만기는 채권이 원금을 반환하고 이자 지급을 중단하는 시기다. 때로는 채권을 조기에 상환할 수 있는데, 이는 '콜 옵션부 채권'이라고 불린다.

최악의 수익률^{YTW, Yield To Worst}이라고 불리는 추가 계산이 있다. 이는 채권이 만기까지 보유되거나 만기 전 상환 때까지 채권이나 채권 펀드 수익률에 부정적인 영향을 미치는 모든 조건을 추정하는 계산이다. 나는 채권 투자자가 채권을 조기에 상환하는 것을 좋아하지 않는 점 외에는 이것이 왜 '최악의 수익률'이라고 불리는지 잘 모르겠다. 그러면 투자할 다른 채권을 찾아야 하기 때문이다.

미국에서는 미국의 증권 거래 위원회^{SEC}에 수익률을 공개해야 한다. 이는 사실상 뮤추얼 펀드, ETF가 부과하는 투자 관리 수수료 같은 운영 비용을 뺀 '최악의 수익률'이다. 예를 들어, 뱅가드 총 채권 시장 지수 펀드의 SEC 수익률이 3.0%라고 가정하자. 투자자들이 이 채권 펀드를 최소 7년 이상 보유하면 수익률은 연간 3.0%에 육박할 것이다. 단기간 보유한다면, 금리의 상승이나 하락에 따라 수익률은 그보다 적거나 클 수 있다. 이것이 바로 채권 수학이 작동하는 방식이다. 이번 장의 뒷부분에서 '최소 7년'의 보유 기간이 어디에서 오는지 설명하겠다.

금리가 오르면
채권 가격이 떨어진다

프랭크 J. 파보치$^{Frank J. Fabozzi}$가 편집한 1,840페이지 분량의 《채권 핸드북$^{Handbook of Fixed Income Securities}$》에서 채권 수학과 투자를 매우 자세히 설명하지만 개인 투자자가 채권 전문가가 될 필요는 없다. 채권의 양자 역학을 알 필요도 없다. 우리는 채권 중력의 기본, 즉 효과적으로 투자하는 경험 법칙만 알면 된다.

채권형 펀드 및 ETF 투자의 기본 원칙은 '7년 이상의 보유 기간 동안 미래 수익률에 대한 최선의 추정치가 현재의 SEC 수익률, 만기 수익률 또는 최악의 수익률'이라는 것이다. 이런 수익률 지표는 앞서 공유한 자산군 수익을 추정하기 위한 경험 법칙에 표현된 대로 자산 소유자에게 분배된 현금 흐름 구성 요소를 나타낸다.

앞서 팟캐스트 청취자의 재정 계획에서 2017년 8월 재무 설계사가 분석을 완료했을 때 미국 채권의 만기 수익률은 2.2%였다. 그러나 그는 채권이 지난 15년 동안 회수된 것이기 때문에 이 계획에서 연 4.8%의 채권 수익률을 기록할 것이라고 추정했다. 초기 수익률이 2.2%인 채권이 7년 이상 보유 기간 동안 연 4.8%의 수익률을 올리는 것은 수학적으로 불가능하다.

그가 수익률 측정에 근거한 15년이란 기간은 2001년 9월 30일부터 2016년 9월 30일까지다. 2001년 9월, 10년 만기 미국 국채 수익률은 4.6%였다. 즉, 재정 계획에 사용된 연 4.8%의 채권 수익률은 우리가 예상한 대로 초기 수익률에 매우 근접했다. 매니저가 사용한 채권 지수에 일부 회사채가 포함됐기 때문에 정확하지는 않지만 우리가 살펴본 것처럼 같이 잠재적인 채무 불이행 위험을 보상하기 위해 미국 국채보다 더 많은 수익을 올릴 것이다.

재무학 개론 강의에서 기억나는 것 중 하나는 반그로버 교수가 리듬감 있게 박수를 치면서 "금리가 오르면 채권 가치는 떨어진다"라는 말을 반복했던 것이다. 마찬가지로 "금리가 내려가면 채권 가치는 오른다"라는 말을 주문처럼 되풀이했다.

금리가 오르면 채권 가격이 하락하는 이유는 뭘까? 3%의 수익률로 새로 발행된 30년 만기 미국 국채를 산 투자자를 생각해 보자. 그 채권은 액면가 1,000달러당 연간 30달러의 이자를 지불한다. 액면가는 이자가 지급되는 채권의 가격이다. 만약 금리가 4%로 상승하면 새로 발행된 30년 만기 채권을 구입한 투자자는 연간 40달러의 이자를 받는다.

투자자는 이제 40달러의 이자를 주는 새 채권을 구매할 수 있다. 그렇다면 기존의 30달러의 이자만 주는 채권의 가격은 투자자가 새 채권에 관심을 돌리는 만큼 떨어질 수밖에 없다. 다시 말해, 기존 채권의 가격은 투자자들이 새로운 채권을 소유할 때와 동일한 금액을 벌 수 있는 수준으로 떨어진다.

원금을 회수할 때까지 걸리는 기간, 듀레이션

금리에 따른 채권 가격의 변화는 만기가 도래하는 시기, 수익률, 기타 특성에 따라 달라진다. 금리에 따라 변하는 채권의 가격 민감도를 '듀레이션'이라고 한다. 듀레이션은 채권 현금 흐름의 가중 평균 만기를 이자, 원금 지급 측면을 고려해 계산된다. 채권의 만기는 1개월 미만에서 30년 이상이다. 채권의 만기가 길수록 듀레이션 기간이 길어진다. 30년 만기 채권은 5년 만기 채권과 달리 이자 형태로 현금을 지급받는다. 따라서 30년 만기 채권의 듀레이션이나 가중 평균 만기는 5년 만기 채권보다 훨씬 더 높다.

채권의 듀레이션, 즉 원금 회수 기간이 길수록 금리가 변하면서 가격은 더 많이 변한다. 구체적으로는 금리가 1% 상승 또는 하락하면 개별 채권 또는 채권 펀드 및 ETF가 그 듀레이션의 대략적인 금액만큼 하락하거나 상승한다. 예를 들어 두 개의 채권 펀드가 있다고 가정해 보자. A는 듀레이션이 6년, B는 2년이다. 금리가 1% 상승하면 A 펀드의 가격은 약 6%, B 펀드의 가격은 약 2% 하락한다.

위험과 기대 수익률은
비례한다

앞서 나는 채권 펀드의 SEC 수익률을 사용하면 7년 이상의 보유 기간 동안의 연간 수익률을 추정할 수 있다고 썼다. 기간이 짧으면 금리가 변하면서 가격이 오르내리기 때문에 펀드 듀레이션이 수익률에 영향을 미친다. 하지만 장기 보유할 경우, 금리 상승으로 인한 가격 하락은 수익률이 높은 채권에 재투자해서 받는 이자로 상쇄된다. 따라서 투자자들은 펀드나 ETF에 대한 현재 시점의 SEC 수익률을 보고 7년 이상 보유한다면 펀드의 연간 수익률에 대한 합리적인 추정치를 확신할 수 있을 것이다. 그러면 펀드로 받은 이자 수익이 금리 변화로 인한 가격 변동을 상쇄할 수 있는 충분한 시간을 갖게 된다.

이때 한 가지 주의할 점은 채무 불이행 채권이 없다는 가정이 필요하다. 대부분의 채권 펀드에서 국채, 주택 담보 대출 채권, 투자 등급 회사채를 보유하고 있다면 이는 합리적인 가정이다. 그러나 펀드가 비투자 등급 채권에 투자한다면 SEC 수익률을 채무 불이행으로 인한 연간 손실 추정치만큼 줄여야 한다.

채무 불이행률을
감안하라

미국의 고수익 채권에 대한 장기 평균 연간 채무 불이행률은 약 4.2%였다. 보통은 채권이 채무 불이행을 해도 투자자가 모든 돈을 잃지는 않는다. 대부분 채권 보유자들이 채무 불이행을 한 기업과 협상하기 때문에 약간의 회복이 가능하다. 채무 불이행된 고수익 채권의 평균 회수율은 약 39%고, 이는 61%의 손실에 해당한다. 따라서 고수익 채권에 대한 합리적인 가정은 SEC 수익률에서 도출된 추정 연간 수익률을 2.6%로 줄이는 것이다. 이는 회수를 위한 조정을 반영한 값이다.

• 채무 불이행률 4.2%×손실 61%=2.6%

예를 들어 SPDR 블룸버그 바클레이즈의 고수익 채권 ETF의 SEC 수익률이 6.0%이고, 10년 만기 국채의 수익률이 3.0%라고 가정해 보자. 채권 ETF의 6.0% SEC 수익률에서 10년 만기 국채 수익률 3.0%를 빼면 고수익 채권 스프레드를 계산할 수 있다. 그것은 채무 불이행을 고려하기 전, 3.0%의 스프레드까지 작용한다.

만약 잠재적인 채무 불이행을 반영하기 위해 6.0%의 SEC 수익률을 2.6%까지 낮춘다면 7~10년의 보유 기간 동안 연간 3.4%의 고수익 채권 기대 수익률을 계산할 수 있다. 이는 10년 만기 국채 수익률 3.0%에 비하면 그리 높지 않은 수치다. 결국 이 시나리오는 투자자들이 매우 높은 누적 수익률 프리미엄이나 스프레드를 요구하지 않았고, 이는 투자자가 고수익 채권 전망을 지나치게 확신하고 있음을 시사한다.

10년 만기 미국 국채 대비 고수익 채권의 장기 평균 누적 수익률 또는 스프레드 는 5%다. 스프레드가 그보다 적을 때 투자자들은 비투자 등급 채권에 지나치게 관심을 보이고 수익률은 보다 낮아질 것이다. 글로벌 금융 위기 말이었던 2009년 당시 투자자들이 이용했던 15% 이상의 스프레드처럼, 스프레드가 5% 이상이면 투자자 들은 불안할 것이며 높은 채무 불이행률을 감안하더라도 향후 수익률은 평균치보다 높을 것이다.

이자율은
투자자의 기대로 결정된다

7년 이상의 보유 기간 동안 채권 펀드 수익률에 대한 최선의 추정치는 현재의 SEC 수익률, 만기 수익률 또는 최악의 수익률이다. 고수익 채권의 경우 잠재적인 채무 불이행을 고려하여 SEC 수익률을 최소 2.6%까지 줄여야 한다. 이것이 채권 투자의 기본 수학이다.

금리는 왜 변할까? 1970년대 중후반 당시, 한 미혼모는 미국의 30년 주택 담보 대출 금리가 9%를 넘었을 때 부동산 중개인이 됐다. 1981년 그가 부동산 중개업을

접을 때 30년 만기 주택 담보 대출의 금리는 18% 이상으로 정점을 찍었다. 그리고 31년 후인 2012년에 30년 만기 주택 담보 대출 금리는 3.3%로 바닥을 쳤다.

대출 금리가 1981년에는 18%를 넘고 2012년에는 3%로 떨어진 이유는 뭘까? 투자에 대한 수학과 감정 이야기로 돌아가 보자. 일반적으로 금리는 '투자자의 기대치'와 이러한 기대치에 대한 '불확실성'에 투자자가 요구하는 추가 보상 금액을 기반으로 정해진다. 채권의 '명목 수익률(예: 미국 10년 국채)'은 인플레이션에 대한 투자자의 기대치와 실질 수익률 또는 인플레이션 이후 수익률로 분류할 수 있다. 인플레이션은 시간의 경과에 따른 물가 상승을 측정한다. 투자자들이 인플레이션이 높을 거라고 믿으면 금리도 높아진다. 1981년에 투자자들은 매우 높은 인플레이션을 예상했다.

우리는 국채 수익률과 인플레이션 연동 국채 수익률을 비교하여 투자자들의 인플레이션 기대치를 살펴볼 수 있다. 미국에서는 '미국 재무부 물가 연동 국채' 또는 'TIPS'로 알려져 있는데 예를 들어, 10년 만기 미국 국채 수익률이 3%고 10년 만기 TIPS 수익률이 1%라면 시장의 예상 인플레이션은 2%다. 이것이 10년 명목 수익률과 TIPS 수익률의 차이다. TIPS 수익률은 '실질 수익률'이라고 한다.

채권의 실질 수익률을 결정하는 것은 무엇인가? 다시 말하지만, 이는 투자자들의 기대에 따른 것이다. 구체적으로는 미래의 실질 금리와 추가 기간 프리미엄에 대한 기대다. 프리미엄은 인플레이션이나 실질 금리가 불확실할 때 투자자가 요구하는 추가 수익률이다. 투자자들이 미래 금리나 예상보다 높은 인플레이션이 발생할 것이 두려울 때 기간 프리미엄이 높아질 것이다. 1980년대 초 미국은 인플레이션과 불확실성이 높아지면서 기간 프리미엄은 3%를 넘었고 10년 만기 국채의 수익률은

10%를 초과했다. 반면 금리가 극도로 낮았던 2012년처럼 투자자들이 미래 금리와

인플레이션 수준을 확신하는 시기에는 소액 프리미엄이 필요한 경우도 있다.

채권 투자를 현명하게 비교하는 방법

다양한 채권 투자 기회를 비교하려면 다음 사항을 알아야 한다.

① SEC 수익률, 만기 수익률 또는 최악의 수익률

SEC 수익률, 만기 수익률 또는 최악의 수익률은 펀드나 ETF의 웹 사이트, 브로커 웹 사이트에서 알 수 있다. 채권 수익률 지표는 7~10년의 보유 기간에 걸쳐 기대 수익률을 가장 잘 추정한다.

② 듀레이션

듀레이션은 투자 기회가 단기에서 중기로 변동하는 금리에 얼마나 민감한지 측정한다. 기간이 길수록 금리가 상승하면 가격 하락폭이 커진다.

③ 평균 신용도

평균 신용도는 고위험 비투자 등급 채권에 따른 수익률이 어느 정도인지 알 수 있다. AAA, AA, A 또는 BBB 등급의 펀드나 채권은 투자 등급으로 간주되며 채무 불이행 위험이 낮다. BB, B 또는 C 등급의 펀드나 채권은 비투자 등급이며 채무 불이행 위험이 높다. 채권 투자 등급은 S&P에 의해 책정되는 것을 기억하자. 무디스 같은 업체도 비슷한 분류를 하지만 범위가 약간 다르다.

장기 듀레이션 채권 발행은 일반적으로 수익률이 높다. 따라서 투자자는 추가 수익률과 이자에 따라 달라지는 채권의 가치를 고려해서 판단해야 한다. 예를 들어 SEC 수익률이 2.0%고 기간이 0.6년인 초단기 채권 펀드에 투자하는 것과 SEC 수익률이 3.5%고 기간이 6년인 중기 채권 펀드에 투자하는 것의 차이를 평가해 보자. 수익률 차이가 1.5%다. 이 1.5%가 10배 높은 듀레이션을 가진 펀드의 추가 변동성만큼의 가치가 있을까? 금리가 하락해서 장기 채권 펀드 가격이 상승할 것이라 믿지 않는 이상, 아마 아닐 것이다.

채권 유형	SEC 수익률	듀레이션	예상 채무 불이행 이후 기대 수익률	2% 이상 인플레이션 증가율
초단기 채권 ETF	2.0%	6개월	-	0%
중기 채권 ETF	3.5%	6년	-	1.5%
고수익 채권 ETF	6.0%	4년	3.4%	1.4%

표 3.1 채권 예시

동시에, 낮은 명목 수익률에서 두 펀드가 거의 2%의 예상 인플레이션 증가율을 따라가지 못한다고 하자. 이것은 일반 국채 수익률에서 TIPS 수익률을 뺀 인플레이션 기대치다. 수익률이 낮다는 것은 투자자들이 향후에 금리가 낮게 유지되고 인플레이션이 2%를 넘지 않을 것이라고 확신한다는 것이다. 이는 리스크를 상쇄하기 위해 매우 낮은 기간 동안 프리미엄을 기꺼이 받아들이려는 의지로 입증된다.

낮은 수익률을 감안할 때, 아마도 고수익 채권 펀드나 ETF를 대안으로 평가하기로 결정했을 것이다. 다시 한번 펀드의 SEC 수익률을 살펴보겠다. 이 예에서는 수익률을 6.0%로 가정하고 잠재적 채무 불이행을 조정하기 위해 2.6%로 줄여 7~10년 예상 수익률을 3.4%로 끌어올릴 수 있다. 그 펀드의 듀레이션은 4년이다. 그럴 만한 가치가 있을까? 10년 만기 국채 수익률이 3%라면 아마도 아닐 것이다. 즉, 채무 불이행을 고려하기 전인 10년 만기 국채 수익률 대비 고수익 채권의 누적 수익률 또는 스프레드는 과거 평균 5% 스프레드에 비해 3.0%에 불과하다.

내 청취자의 재무 설계사는 채권 배분을 29%로 가정했다. 채권의 예상 수익률을 4.8%에서 그가 계획할 당시의 채권 수익률인 2.2%로 낮춘다면, 전체 예상 포트폴리오 수익률은 7.6%에서 6.9%로 줄어든다. 이전보다 약간 더 합리적인 수치지만, 과거 수익률을 사용해서 미래 수익률을 추정했기 때문에 여전히 결함이 있다. 그가 계획에서 사용한 평균 주식 수익률 가정은 9.8%였다. 주식 수익률이 10%에 육박하는 것이 합리적인 가정인가? 이에 답하기 위해서는 현금 흐름, 현금 흐름의 증가, 가치 평가의 변화에 대한 경험 법칙을 적용하여 주식의 상승 또는 기대 수익률을 결정할 필요가 있다.

주식 수익률을 결정하는 세 가지 요인

경험 법칙을 구성하는 세 가지 요인이 역사적 수익률에 어떤 영향을 미쳤는지 살펴보자. 1871년 1월부터 2017년 7월까지 미국 주식은 연 8.9%의 수익률을 기록했다. 8.9%의 수익률은 세 가지 구성 요소 또는 성과 요인으로 나눌 수 있다.

① 배당 수익률

가장 큰 요소인 4.5%는 배당 수익률에서 나왔다. 이는 시간이 지남에 따라 주주에게 지급되는 수익 지분이나 현금 흐름이다. 이것이 첫 번째 수익률 요인이다.

② 주당 배당금 증가

다음으로 큰 요인인 3.6%는 주당 배당금DPS 증가에서 나타났다. 이는 시간이 지남에 따라 소득 흐름이나 배당금이 어떻게 증가했는지를 반영한다. 기업은 수익이 증가하는 경우에만 배당금을 늘린다. 이것이 현금 흐름 증가의 두 번째 수익률 요인이다.

③ 주가 수익률

가장 작은 요인인 0.8%는 주가 수익률이 상승해서다. 이는 투자자들이 1달러 상당의 수익을 얻기 위해 얼마까지 지불할 의사가 있는지를 나타낸다. 이것은 밸류에이션의 변화를 나타내는 세 번째 수익률 요인이다. 배당금은 수익에서 지불되기 때문에 주가 수익률이 증가하면 투자자들이 배당 수익 흐름에 더 많은 돈을 지불할 의사가 있음을 의미한다.

1871년 미국 주식의 주가 수익률은 10배였고 이는 투자자들이 수익 1달러를 위해 10달러를 기꺼이 지불할 용의가 있음을 의미한다. 2017년 7월 미국 주식의 주가 수익률은 23배였다. 투자자들은 수익을 위해 더 많이 지불하고 있으며, 이는 주식에 대한 밸류에이션이 상승했다는 뜻이다. 만약 투자자들이 1871년에 그랬던 만큼만 수익을 낼 의사가 있었다면, 1871년부터 2017년까지 미국 주식의 연간 수익률은 배당금과 수익의 합계인 8.9%대신 약 8%가 되었을 것이다.

배당금과 수익 증가는 주식 투자의 수학을 나타낸다. 반면 밸류에이션의 변화는 감정을 반영한다. 투자자들은 어쩔 땐 낙관적이면서 주식에 돈을 더 쓸 때가 있고, 어쩔 땐 비관적이고 공포에 질려서 덜 쓸 때가 있다. 주식의 과거 성과를 세 가지 수익률 요인으로 구분하는 것은 근사치지만 과거 성과의 대부분을 설명할 만큼 밀접한 관계가 있다. 결과적으로 동일한 수익률 요인을 사용하여 주식의 미래 수익률을 추정할 수 있다.

한 주식을
더 자세히 살펴보기

이 개념의 이면에 있는 수학을 이해하기 위해 표 3.2와 3.3을 참고하여 주식 하나를 예로 들어 보자. 이 주식은 주당 40달러에 팔리고 있으며 수익은 4달러다. 고로 주가 수익률은 40달러를 4달러로 나눈 10배다. 또한 이 회사가 수익의 25%를 배당금으로 지급한다고 가정하자. 그래서 초기 연간 배당금은 1달러다. 25%의 지급은 배당 성향Dividend Payout Ratio이라고 한다. 마지막으로 배당 수익률은 배당금을 주가로 나눈 값이므로 초기 배당 수익률은 2.5%다.

- 25%×수익 4달러=배당금 1달러
- 배당금 1달러÷주가 40달러=배당 수익률 2.5%

수익이 연간 10% 증가하고 주가 수익률이 10배로 유지된다고 가정하자. 주식의 미래 수익률에 대한 합리적인 추정치는 처음 두 가지 수익률 요인인 배당 수익률 2.5%와 연간 12.5%의 수익률에 대한 주당 순이익 증가율 10%의 합이다.

	기준 년도	1년 후	2년 후	3년 후
주가=P/E×주당 순이익	$40.00	$44.00	$48.40	$53.24
주당 순이익	$4.00	$4.40	$4.84	$5.32
수익 증가율	10.0%	10.0%	10.0%	10.0%
주가 수익률(PER)	10	10	10	10
배당금=배당 성향(DPR)×수익	$1.00	$1.10	$1.21	$1.33
배당 성향=배당금/주당 순이익	25.0%	25.0%	25.0%	25.0%
배당 수익률=배당금/주가	2.5%	2.5%	2.5%	2.5%
이익 증가율+배당 수익률	12.5%	12.5%	12.5%	12.5%
연간 수익률=[(신규 가격+배당금)/기존 가격]-2		12.75%	12.75%	12.75%
3년 연평균 수익률				12.75%
3년 평균 이익 증가율+배당 수익률				12.50%

표 3.2 기본 시나리오

실제로 수익이 연간 10%씩 증가한다면 3년 후 주식의 주당 순이익EPS은 4달러에서 5.32달러로 증가했을 것이다. 주가 수익률이 여전히 10배라면 주가는 10배인 53.25달러가 된다. 회사는 매년 수익의 25%를 배당금으로 지급하는데, 이는 배당금도 매년 10%씩 증가한다는 의미로 3년 차가 되는 해의 배당금 지급액은 1.33달러다.

배당금을 포함한 40달러에서 53.25달러로 상승한 주식의 3년 연평균 수익률은 12.8%다. 이는 주당 순이익 증가율에 대한 10% 기대치에 초기 배당 수익률 2.5%를 더한 수익 추정치 12.5%에 매우 근접한 것이다. 두 수익률에 차이가 나는 이유는 배당금 지급 시기 때문이다.

예를 약간 수정해 보자. 모든 가정은 동일하게 유지되지만 3년이 지나면 투자자가 수익에 더 많은 금액을 지불할 의사가 있으므로 주가 수익률이 12배로 증가한다고 가정한다. 이 시나리오에 따르면 주가는 63.89달러까지 상승한다.

- 5.32달러 수익×12배=63.89달러

이 경우 배당금을 포함한 주식의 3년 연평균 수익률은 12.7%가 아닌 19.7%다. 이처럼 투자자가 수익에 더 많은 금액을 지불하려는 의지는 전체 수익률에 상당한 영향을 미친다.

	기준 년도	1년 후	2년 후	3년 후
주가=P/E×주당 순이익	$40.00	$44.00	$48.40	$63.84
주당 순이익	$4.00	$4.40	$4.84	$5.32
수익 증가율	10.0%	10.0%	10.0%	10.0%
주가 수익률(PER)	10	10	10	12
배당금=배당 성향(DPR)×수익	$1.00	$1.10	$1.21	$1.33
배당 성향=배당금/주당 순이익	25.0%	25.0%	25.0%	25.0%
배당 수익률=배당금/주가	2.5%	2.5%	2.5%	2.1%
이익 증가율+배당 수익률	12.5%	12.5%	12.5%	12.1%
연간 수익률=[(신규 가격+배당금)/기존 가격]-2		12.8%	12.8%	34.8%
3년 연평균 수익률				19.65%
3년 평균 이익 증가율+배당 수익률				12.36%

표 3.3 주가 수익률의 상승

투자자의 기대치가
주가에 미치는 영향

이 시점에서 잠재적인 모순을 발견했을지도 모른다. 앞서 나는 주식 투자에 관해 내가 알고 있는 가장 중요한 원칙을 공유했다. 개별 주식을 사는 주된 이유는 투자자들이 회사의 미래 이익과 배당 성장을 과소평가하여 현재 가격이 저평가됐다고 판단한 경우다. 만약 회사에 깜짝 놀랄 만한 잠재력이 있다고 평가되면 주가는 상승할 것이다. 그러나 우리는 이전 예시에서 배당금과 수익에 따라 주가가 어떻게 상승하는지를 확인했다. 이는 수학을 바탕으로 상승한 것이다.

앞서 예에서 투자자들이 1달러당 10달러가 아닌 12달러를 지불할 의사가 있으면 3년 연간 수익률은 12.8%에서 19.7%로 증가했다. 투자자들은 왜 이 주식의 1달러의 수익보다 더 많은 돈을 지불하려고 했을까? 전통적인 금융 이론에 따르면 투자자들이 향후 배당금과 수익이 더 높아질 거라고 믿기 때문이다. 오늘 주식 가격은

주식시장을 이기는 10가지 질문

모든 미래 배당금의 현재 가치, 즉 오늘 달러 가치와 같아야 한다는 것을 기억하라.

사람들은 배당금 증가율이 더 높을 것이라고 판단하면 주식에 더 많은 돈을 지불할 것이다. 그들은 오늘 수익보다 더 높은 멀티플을 지불할 것이며 이는 주가 수익률이 높아질 것을 의미한다. 빈틈없는 투자자는 회사의 성장 전망이 주식에 책정된 가격보다 더 좋다고 판단할 수도 있고, 주가 수익률이 높아지기 전에 더 많은 주식을 매수해서 이익을 얻을 수도 있다. 반대로 회사가 기대만큼 벌지 못하거나 실적이 둔화되고 있다는 증거가 있다면 배당 성장률이 낮아질 것으로 예상되기 때문에 주가는 하락한다. 투자자들은 현재 수익 1달러당 더 적은 돈을 지불할 것이고 주가 수익률은 하락할 것이다.

투자자들의 기대치에 따라
손익이 결정된다

모든 것이 기대치에 달려 있다. 2017년 말 아마존 주식은 주당 1,169달러에 팔렸다. 주가 수익률은 주당 6.15달러였던 이전 12개월의 190배였다. 아마존은 배당금을 지급하지 않으면서 높은 기대치를 가진 주식이다. 2018년 초에 아마존 주식을 일부 매수해서 5년 동안 보유했다면 수익률은 회사의 수익 증가 여부에 따라도 달라졌겠지만 그보다는 투자자들이 예상하는 것보다 더 빨리 증가하는지, 둔화하는지에 더 많이 좌우됐을 것이다. 수익이 둔화되면 주가 수익률은 하락할 것이고 나는 손실을 입을 것이다. 수익이 예상보다 높다면 나는 이익을 얻을 것이다. 수익이 충분히 빠르게 성장한다면 주가 수익률이 하락하더라도 투자 수익을 올릴 수 있을 것이다.

예를 들어 2017년 아마존의 연간 수익은 주당 6.15달러였다. 아마존이 향후 5년 동안 매년 14%의 수익을 올려 2022년 연말에 주당 순이익이 11.84달러가 된다고 가정해 보자. 투자자들이 5년 후 100배의 수익을 낼 의향이 있다면 5년 뒤 아마존 주가는 1,184달러가 된다. 이는 2017년 말 기준으로 1,169달러에 가깝다. 그렇게 되면 나는 이익을 낼 것이고, 투자자들이 더 적은 돈을 지불한다면 나는 손해를 볼 것이다.

아마존이 예상보다 좋을지 나쁠지 알 수 있는 방법은 없다. 하지만 평균 주가 수익률이 10배인 유가 증권 100개와 평균 주가 수익률이 190배인 유가 증권 바스켓을 매수할 때, 더 싼 증권 바스켓의 수익률이 더 비싼 바스켓을 능가할 가능성은 있다. 왜냐하면 더 싼 바스켓이 기대치가 낮고 수익률이 예상보다 높아져 투자자들을 놀라게 할 가능성이 있기 때문이다.

	2017	2023
주가=P/E×주당 순이익	$1,169.00	$1,184.13
주당 순이익	$6.15	$11.84
주당 순이익 증가율	14.0%	14.0%
주가 수익률(PER)	190	100

표 3.4 아마존 주식

이 예에서 아마존의 수익은 2018년에 주당 20.14달러로 220% 이상 급증한 것으로 밝혀졌다. 2018년 말, 주가는 1,478달러로 26% 상승했다. 이익이 주가 상승률보다 훨씬 빠르게 증가한 것을 감안하면, 2018년 말 아마존의 주가 수익률은 73배로 2018년 초의 주가 수익률 190배에서 하락했다.

이 책의 프롤로그에서 내가 고용한 해충 구제 업자가 어떻게 주식의 기대 수익률을 80%라고 생각하는지 공유했다. 그 정도의 성과를 내기 위해서는 주식에 무슨 일이 일어나야 할까? 주당 순이익 증가율이 엄청나게 높거나, 투자자들이 오늘날보다 주식에 훨씬 더 많은 돈을 지불해야 할 것이다. 즉, 높은 현금 흐름 증가나 현금 흐름의 큰 변동이 주가 수익률에 반영돼야 한다.

아마존의 예에서 볼 수 있듯이, 하나의 종목에서는 가능할지 몰라도 전체 주식에 대해서는 가능성이 낮다. 왜냐하면 장기적으로는 총 수익 증가가 경제의 전체 성장보다 클 수 없기 때문이다. 노벨상 수상자인 밀턴 프리드먼^{Milton Friedman}은 이렇게 말했다.

"이익이 예외적으로 높을 때, 그들은 계속 호황을 누리지 않는다. 경제적 중력에서 벗어날 수 없다."

그가 말한 경제적 중력이 무엇을 의미하는지 살펴보자.

잘나가는 기업도
계속 호황일 수는 없다

경제 성장은 한 국가가 특정 기간 동안 재화와 서비스를 얼마나 생산하는지에 대한 가치로 측정한다. 그 생산 수준을 국내 총생산^{GDP}이라고 한다. 정부 통계학자들은 가계, 기업, 정부가 특정 기간 동안 지출한 금액을 살펴보거나 그들의 소득을 분석해 GDP 성장률을 추정한다.

기업 이익과 같은 사업 소득은 GDP 성장률을 추정하는 요인이다. 따라서 기업이 빠르게 성장할수록 경제가 빠르게 팽창한다. 그러나 수익은 매출에서 비용을 뺀 것이므로 기업 수익은 더 많은 상품과 서비스를 판매하거나 비용을 절감한 경우에만 증가한다. 사업 비용에는 직원의 급여, 다른 사업체에서 구입한 상품과 서비스가 포함된다. 종합적으로 비용 절감으로 수익을 늘리는 데에는 한계가 있다. 급여가 낮아진다는 것은 가계가 기업의 물건을 살 돈이 적어지고 이는 매출 증가와 기업 이익을 저해하기 때문이다.

마찬가지로 수익이 매출 증가로 상승한다면 가정과 기업은 제품과 서비스를 더 많이 구입해야 한다. 매출 증가가 다른 기업에서 나온다면 더 많은 제품을 구매하는 기업은 더 많은 비용을 부담하게 되고, 이는 해당 기업의 수익이 감소하는 것이다. 따라서 일부 기업의 이익 증가는 다른 기업의 이익 감소로 상쇄된다.

가계가 추가 제품과 서비스를 구매하려면 더 많은 소득이 필요하다. 이는 임금 인상을 통해 고용주로부터 받는 수입이 늘어나야 하므로 기업의 수익을 저해한다. 이런 연관성 때문에 프리드먼은 기업의 이익이 '경제적 중력에서 벗어날 수 없다'고 말한 것이다.

새로운 주식의 증가와
자사주 매입이 미치는 영향

주식의 미래 수익률을 추정하는 합리적인 가정은 '총 기업 매출과 수익이 경제와 동일한 속도로 성장한다'는 전제다. 그러나 이는 문제가 있다. 전체 기업 실적은 경제와 같은 비율로 성장할 수 있지만, 세 가지 수익률 요인을 이용해 미래의 주식 수익률을 추정하기 위해서 필요한 조치는 전체 수익의 증가가 아니라 '주당 수익의 증가'다. 만약 기업들이 주식을 더 많이 발행하거나 새로운 주식회사가 생기면 총 기업 이익은 더 많은 주식의 증가로 분산된다. 기업 이익이 경제와 같은 속도로 성장한다면 기업의 주당 순이익의 성장이 명목 GDP의 증가로 측정한 경제보다 느릴 것이다.

그것이 실제로 일어나는 일이다. 장기적으로 전체 주당 순이익 증가율은 기존 기업 및 신설 기업의 발행 주식 수가 증가하기 때문에 경제 성장률을 밑돌게 된다. 주당 순이익 증가율로 측정되는 기업의 이익은 해마다 크게 다를 수 있다.

크레스트몬트 리서치의 설립자인 에드 이스터링[Ed Easterling]은 명목 GDP 성장과 기업 이익 증가 사이에 10년 동안 긍정적인 관계가 있다는 것을 보여 줬다. 그러나 1960년부터 2010년까지 10년마다 주당 순이익 증가율은 명목 GDP 증가율과 양의 상관관계가 있는 반면 뒤처지기도 했다.

예를 들어 1960년대 미국의 평균 명목 GDP 성장률은 5.9%, 미국 평균 주당 순이익 증가율은 4.4%였다. 2000년부터 2010년까지 연평균 명목 GDP 성장률은 5.2%로, 주당 평균 수익률은 4.4%로 나타났다. 하지만 2010년부터 2017년까지는 예외다. 이때 미국의 평균 명목 GDP 성장률은 연간 3.5%였고 주당 순이익 증가율은 연간 6.5%였다. 어떻게 된 걸까? 기업들의 수익성이 높아졌다. 매출 1달러당 수익이 증가했다. 즉 수익률이 확대됐다는 뜻이다.

일반적으로 경쟁이 심화되면 평균 이상의 수익률은 정상 수준으로 돌아간다. 하지만 지난 10년 동안은 그렇지 않았다. 투자 회사 GMO의 공동 창업자 제레미 그랜 담[Jeremy Grantham]은 이러한 미국 상장 기업의 수익성 증가를 저금리, 부채 증가, 브랜드 파워 증가, 정치력 증가, 독점력 증가 등의 복합 원인으로 보고 있다.

지난 10년 동안 또 다른 변화는 공개 시장에서 주식을 다시 사들이는 회사가 상당히 증가한 것이다. 이는 발행 주식 수를 줄여 기업의 전체 수익이 동일하게 유지 되더라도 주당 수익 증가율이 높아진다. 총 수익이 경제와 같은 속도로 증가하지만 주식 수가 감소하면 주당 수익은 경제보다 더 빠르게 증가할 것이다.

주식시장을 이기는 10가지 질문

기업이
주당 순이익을 올리려면?

평균 이상의 수익성이 생기는 이유는 계속해서 논의될 것이다. 중요한 점은 기업 이익이 경제보다 빠르게 성장하려면 이익 마진이 계속 확대돼야 한다는 것이다. 즉, 기업은 1달러당 벌어들이는 매출액을 늘려야 한다. 또는 주식 환매가 계속 상승하면 주당 순이익은 경제보다 더 빠르게 증가할 수 있다.

그러나 이익 마진이 확대되지 않고 평균 이상으로 유지되고, 총 주식 수가 증가하는 역사적 패턴으로 되돌아간다면 주당 순이익 증가는 명목 GDP 성장보다 다시 뒤처질 것이다. 왜냐하면 신생 기업이 생겨나고 기존 기업들은 새로운 주식을 발행하기 때문이다. 게다가 수익률이 과거 수준으로 되돌아간다면 그 전환기 동안 기업의 이익 증가는 명목 GDP 성장에 크게 뒤처질 것이다.

주당 순이익은 일반적으로 명목 GDP 성장에 뒤처진다는 점을 감안할 때, 주식의 상승 여력을 추정하는 더 합리적인 가정은 주당 순이익 증가율이 1인당 GDP 성장률을 추종할 것이라는 점이다. 1인당 GDP는 인구 증가를 조정한 후 경제 성장을 측정한다. 1인당 생산되는 재화 및 서비스의 생산량은 일반적으로 인구가 증가하면서 전체 경제 성장에 뒤처진다. 리서치 어필리에이츠의 롭 아노트와 같은 학자들은 주당 수익, 배당 증가율, 1인당 GDP 증가율 간의 긴밀한 관계를 발견했다.

포트폴리오의 수익률을
추정하는 방법

"알고 투자하는가?"라는 질문에 답하는 우리의 목표는 기대 수익률을 추정하는 것이다. 물론 정확한 수익률을 알 수는 없겠지만 세 가지 요인으로 만든 경험 법칙에 초점을 맞추면 기대치를 고정할 수 있고, 해충 구제 업자처럼 1년에 80%를 벌겠다는 환상에 휩쓸리지 않을 수 있다.

예를 들어 미국 채권 ETF가 SEC 수익률이 반영된 3.5%, 미국 주식 ETF의 배당 수익률이 2.0%, 미국의 부동산 투자 신탁REITs ETF의 수익률이 4%라고 가정해 보자. 다른 차이가 없다면 수익률은 내년 투자 수익과 동일하다. 이 예에서 우리는 ETF를 통해 유가 증권의 바스켓을 사용하고 있으므로 배당 수익률은 점진적으로만 변하는 경향이 있다. 개별 주식이나 부동산 투자 펀드의 경우 회사가 배당금을 삭감하면 배당 수익률이 크게 달라질 수 있다.

자산	수익률/배당금	현금 흐름	기대 수익률
미국 채권	3.5%	-	3.5%
미국 주식	2.0%	4.5%	6.5%
미국 리츠(부동산 투자 신탁)	4.0%	4.5%	8.5%

표 3.5 예상 수익률의 예

다음으로 두 번째 수익률 요인을 고려해 보자. 배당금, 이자 또는 임대료 등 현금 흐름은 증가할 것인가? 미국 채권 ETF의 경우 채권 매니저가 고수익 채권에 재투자하여 금리가 상승하면 현금 흐름이 증가할 수 있지만, 금리 상승에 따른 가격 하락으로 상쇄된다.

주식의 경우, 주당 순이익이 늘어나면서 현금 흐름은 시간이 지나면서 증가할 것이다. 미국 주식 및 리츠의 수익과 현금 흐름이 연간 4.5% 증가한다고 가정해 보자. 몇 년 후 투자자들이 현재와 같이 주식과 리츠에 동일한 금액을 지불할 의향이 있다면 미국 주식에 대한 합리적인 기대치는 6.5%이고, 리츠는 8.5%다.

- 배당 수익률 2.0%+주당 순이익 증가율 4.5%=6.5%
- 배당 수익률 4.0%+주당 현금 흐름 증가율 4.5%=8.5%

가장 예측할 수 없는 점은 투자자들이 몇 년 후에도 지금만큼의 금액을 지불할 의향이 있는지의 여부다. 그렇지 않다면 전체 수익률은 표본 추정치와 달라진다. 만약 그들이 현금 흐름에 더 많은 돈을 지불할 의향이 있다면 수익은 추정치보다 더 높을 것이다.

이런 경험 법칙을 이용해서 예상 수익을 가정하면 시간이 많이 걸릴 수 있다. 전체 주식 시장의 배당 수익률과 주가 수익률은 MSCI와 같은 지수 제공 업체로부터 쉽게 구할 수 있지만 주당 순이익 증가율을 결정하는 것은 더 어렵다. 세계 은행The World Bank은 1인당 실질 GDP와 같은 과거 데이터를 제공하는데, 여기에 예상 인플레이션 가정을 추가해서 주당 이익 증가율을 근사치로 추정할 수는 있다. 하지만 자사주 매입이 지속되면 주당 수익이 1인당 명목 GDP 증가율보다 더 빠르게 증가할 수 있을지는 불확실하다.

예상 수익 가정을 계산하는 대신 일반 대중에게 자산 배분 가정을 제공하는 리서치 어필리에이츠, GMO 같은 다수의 투자 기관이 있다. 이들 기업은 이 장에 설명된 바와 같이 수익률 가정을 개발하는 데 유사한 접근법을 사용한다.

보다 합리적인
재정 설계

앞서 언급한 내 청취자의 재무 설계사는 의뢰자의 기존 자산으로 연간 7.6%의 수익을 올릴 수 있다면 오늘이라도 은퇴할 수 있다고 판단했다. 하지만 과거 성과를 이용해 수익률 추정치를 도출했기에 오류가 있다. 2017년 설계사가 계획을 정리한 시점을 기반으로, 보다 현실적으로 주식은 6.5%, 채권은 2.2%의 미래 예상 수익 가정을 적용해 보자. 총 자산을 주식에 71%, 채권에 29% 투자하면 수정된 장기 기대 수익률은 5.3%이다. 이것이 재정 설계에 기초가 되는 더 합리적인 수치다. 만약 그가 41세에 은퇴한다면 10년 혹은 그 이상 계속 일해야 할 것이다.

투자 수익률을 추정하는 경험 법칙을 이해했다면 재무 설계사나 다른 실무자들이 사용하는 투자 가정을 평가할 수 있는 근거가 마련된 것이다. 당신은 이제부터 누군가가 어떻게 그렇게 높은 수익을 약속했는지 의문을 가질 수 있다. 또한 최근의 투자 열풍이나 다른 사람에게 휩쓸리지 않고 다양한 투자 옵션을 비교할 수 있을 것이다. 기대 수익을 합리적으로 판단할 수 있는 결단력과 자신감을 갖길 바란다.

●_ 3장 요약

□ 과거 수익률을 현재 기대 수익률을 추정하는 근거로 사용하는 것은 위험하다. 왜냐하면 과거 수익에 기여한 조건이 미래와 다를 수 있기 때문이다.

□ 경험 법칙은 기본 원칙에서 파생된 단순한 패턴이다. 투자를 위해 전문가가 될 필요가 없다.

□ 기대 수익률을 결정하는 경험 법칙은 '현금 흐름', '현금 흐름 증가', '미래에 투자자가 현금 흐름에 지불할 잠재적 변화'라는 세 가지 요인에 따라 달라진다.

□ 7년 이상의 보유 기간에 걸친 채권 펀드나 ETF의 최선의 예상 수익률은 현재 SEC 수익률 또는 만기까지의 수익률이다. 고수익 채권의 경우, 잠재적 채무 불이행이 있을 수 있음을 감안해야 한다.

□ 듀레이션은 단기에서 중기로 변동하는 금리에 따라 채권 기회가 얼마나 민감할지를 측정한다. 듀레이션이 클수록 금리가 상승하면 가격 하락폭도 커진다.

□ 일반적인 금리는 인플레이션, 미래의 단기 금리, 그리고 그러한 기대치에 대한 불확실성과 관련해서 투자자들이 요구하는 추가 보상에 근거한다.

□ 개별 주식의 수익률이 높은 이유는 현금 흐름이 엄청나게 증가했거나 투자자들이 기존의 현금 흐름에 훨씬 더 많은 금액을 지불할 의사가 있기 때문이다.

□ 광범위한 ETF처럼 다양한 주식 바스켓의 수익률은 현금 흐름의 성장이 전체 경제의 성장률을 초과할 수 없기 때문에 장기적으로 두 자릿수를 넘는 경우가 거의 없다.

□ 수익률을 추정하는 경험 법칙을 적용하면 안정적인 기초를 유지하고, 쉬운 부를 약속하는 최신 투자 유행에 휘말리지 않는 단단한 원칙이 생긴다.

4

질문

손실을 어떻게
막을 것인가?

투자의 단점은 최대 잠재적 손실과 그로 인한 개인의 재정적 손실로 구성된다. 투자의 목표는 손실을 회피하기보다, 돌이킬 수 없는 재정적 피해를 피하는 것이다. 손실 가능성을 배제하면 리스크가 과도하게 줄어들지만 원하는 성과를 얻기는 어렵다.

폭락은
갑자기 찾아온다

고등학교를 졸업한 후, 나는 신시내티 네덜란드 플라자 호텔에서 1년 동안 일했다. 나는 수백 명의 후보들과 몇 번의 면접을 거친 후 호텔 보조원으로 들어갔다. 나는 설거지를 하고 부엌 바닥을 닦았다. 호텔의 메인 레스토랑 주방에서 대형 자동 식기세척기를 작동했다. 더러운 접시를 최대한 빨리 치우고 쟁반과 유리잔들을 선반에 넣어야 했다. 내가 빨리 움직이지 않으면 쟁반을 놓은 테이블이 가득 차서 일의 흐름이 끊겼다. 나는 잔의 액체를 재빨리 버리고 머리 위의 플라스틱 선반에 넣었다. 선반이 가득 차면 식기세척기에 밀어 넣었다. 그중 샴페인 잔은 좁고 깨지기가 쉬워서 빠르게 설거지할 수 없었다. 샴페인 잔은 안정성이 필요했다. 움직임이 많을수록 잔이 깨질 가능성이 높았기 때문이다.

투자에서 변동성은 기대 또는 평균 수익에서 얼마나 벗어나는지를 측정한다. 현금은 매일 가격이 잘 변하지 않기 때문에 변동성이 거의 없다. 반면 주식은 변동성이 훨씬 크다. 우리는 3장에서 세 가지 성과 요인에 근거하여 기대 수익을 평가하는 법을 배웠다. 투자는 투자자가 미래의 현금 흐름이 증가하거나, 현금 흐름에 기꺼이 지불할 의사가 있는지에 따라 가격이 결정된다. 이런 지속적인 재평가는 변동성으로 이어진다. 투자자의 재평가가 수익으로 이어질 땐 크게 개의치 않는다. 하지만 우리가 두려워하는 것은 손실에 대한 변동성, 즉 하방 변동성이다.

투자를 시작하기 전에 다운사이드가 무엇인지 생각할 필요가 있다. 일이 계획대로 되지 않으면 얼마나 손해를 볼까? 당신은 이 장에서 손실로 인한 개인적 피해가 막심할 수 있다는 것을 깨닫게 될 것이다.

2008년 금융 위기가
가져온 공포

2008년 9월부터 2009년 3월까지의 6개월을 결코 잊지 못할 것이다. 나는 세계 경제가 완전히 붕괴될 줄 알았다. 그 기간 동안 주식이나 고수익 채권 같은 위험 자산의 하방이 얼마나 심각할 수 있는지를 깨달았다. 당시 나는 기관 투자의 자문 위원이자 자금 관리자로 일하고 있었다. 고객들은 공포에 질렸고, 동료들은 끊임없이 걱정했으며, 나는 이 상황이 믿기지 않아 길거리를 몇 주 동안 거닐었다.

2008년 9월 15일, 투자 은행 리먼 브라더스는 역사상 가장 큰 파산을 신청하고 역사 속으로 사라졌다. 나는 고객 미팅을 위해 샌디에이고의 웨스틴 호텔에 묵고 있었다. 그랜드 피아노와 대형 회의 테이블, 수많은 소파와 의자가 놓인 그 방에서 나는 텔레비전으로 미국 증시가 5% 가까이 하락하는 금융 대학살을 지켜봤다.

PNC 어드바이저스의 최고 투자 책임자인 짐 뒤니건Jim Dunigan은 "이와 비교할 것이 정말 없기 때문에 역사책을 버려야 한다"라고 말했으며, "매 단계마다 또 다른 하락을 가져와 그 어떤 추측도 어렵다"라고 덧붙였다. 제프리 앤 코Jefferies & Co.의 수석 시장 전략가 아트 호건Art Hogan은 "이런 일은 본 적이 없다. 이에 대한 로드맵은 없다"라고 말했다.

그날 나의 동료는 호텔로 전화를 걸어 이 사태가 어떻게 될 것 같냐고 물었다. 나는 다음 날 로스쿨 고객의 재무 위원회 위원들에게 말했던 것과 똑같은 말을 했다. 경제와 시장은 결국 반등할 것이라고. 한 달 후인 10월, 나는 2008년 3분기 시장 논평에서 그 점을 되풀이했다.

"모든 약세장이 결국 끝나듯이 이 약세장 역시 끝날 것이라고 믿는다. 또한 우리는 놀라움보다 공포가 더 큰 시기에 구매한 자산군이 더 많은 수익을 가져다줄 것이라고 생각한다."

내가 왜 그렇게 믿었을까? 정상으로 돌아가기 위한 촉매제는 과연 무엇일까? 나는 다음 말을 덧붙였다.

"수천 개의 증권으로 구성된 포트폴리오를 보유하고 수백 개의 채권과 주식을 개별적으로 보유한 경영자들과 함께 투자할 때, 촉매제는 자본주의 그 자체와 자본 시장 시스템의 회복 탄력성이다. 이는 바로 탐욕에서 공포로, 그리고 다시 탐욕으로 돌아가는 인간의 성향이다. 경제가 회복되고 두려움은 가라앉을 것이다. 그리고 투자자들이 늘 그랬던 것처럼 저평가된 자산군의 가치를 높게 평가할 것으로 기대한다."

우리의 투자 경험 법칙과 관련하여 현금 흐름 증가가 재개되고 투자자들은 그런 현금 흐름에 다시 합리적인 평가를 지불할 것으로 기대했다. 그러나 그런 일이 언제 일어날지 알 방법이 없었다. 10월 말 나는 일기장에 이렇게 썼다.

"올해 주식 시장은 50% 하락했고 내가 관리하는 투자 상품은 30% 하락했다. 나는 2010년 말에 상당한 자본금을 갖고 회사를 떠날 생각이었다. 지금은 고객을 모두 잃고 붕괴될까 봐 걱정될 뿐이다. 아무도 떠나지 않았고, 우리는 보게 될 것이다. 하지만 현재 우리는 최악의 상황에 대비하고 있다."

내가 금융 붕괴를 이상하게 느낀 이유는 모든 것이 여전히 똑같아 보였기 때문이다. 샌디에이고 호텔 방 아래 거리는 여전히 차들과 사람들로 붐볐다. 그해 늦가을, 나는 특히 잔인한 주식 시장 매도의 날 휴스턴 공항을 걸었다. 나는 주변 여행자들을 흘끗 쳐다보며 생각했다.

'사람들이 전혀 다르게 행동하지 않아. 모든 게 너무 평범해 보여.'

가벼운 손실은
리스크가 아니다

그러나 금융 시장은 일상과 거리가 멀었다. 2007년 10월 31일 장중 최고치에서 2009년 3월 9일 장중 최저치까지 MSCI 선진국 지수로 측정한 글로벌 주식은 58% 하락했다. 2008년 9월부터 2009년 3월 사이에 대부분의 손실이 발생했다. MSCI 신흥 시장 주식 지수는 2007년 10월 29일부터 2008년 10월 27일까지 65% 하락했다. 미국 주식은 약세장에서 55% 하락했다. 미국 국채 대비 스프레드가 크게 확대되면서 고수익 채권은 30% 이상 하락했다. 이 혼란기 동안 안전을 제공한 두 가지 자산군은 '현금'과 '미국 국채'로, 투자자들이 이곳으로 몰려들면서 수익을 창출했다.

런던 경영 대학원 재무학 명예 교수인 엘로이 딤슨Elroy Dimson은 내가 좋아하는 광의의 의미로 리스크를 정의했다.

"앞으로 일어날 일보다 더 많은 일이 일어날 수 있다."

잠재적으로 일어날 수 있는 좋은 일과 나쁜 일의 가능성은 실제로 일어날 일보다 훨씬 많다. 인간으로서 우리는 이러한 광범위한 잠재적 결과들을 고려하고, 미처 고려하지 않은 놀라운 결과가 있다는 것을 인식한 다음, 예상되는 결과에 근거하여 행동해야 한다.

경제사학자 피터 번스타인Peter L. Bernstein은 리스크 관리가 우리의 기대에서 "잘못된 결과를 처리하는 과정이어야 한다"라고 말한다. 리스크 관리는 특히 피해와 고통을 최소화하는 데 초점을 맞추고 있다. 잠재적인 손실이 광범위하고 기대치가 잘못돼 발생하는 피해가 크면 우리가 고려하는 투자나 다른 노력들은 더 위험하다. 잠재적인 결과의 범위가 좁고 기대치가 잘못돼 발생하는 피해가 적다면 덜 위험하다.

예를 들어 미국 단기 국채는 채무 불이행 위험이 극히 낮고 금리 변동에 덜 민감하기 때문에 주식에 비하면 위험성이 적다. 한편 주식은 2008년과 2009년의 글로벌 금융 위기 때와 마찬가지로 경기 침체 시 50% 이상 하락할 수 있다.

손실이 가져오는 피해는
상대적이다

변동성과 손실 사이에는 연관성이 있다. 변동성이 클수록 기대 수익의 범위가 넓고, 이는 투자 수익의 일부가 마이너스가 되어 손실이 발생할 가능성이 더 크다는 뜻이다. 그러나 리스크는 절대적인 손실 그 이상을 의미한다. 이는 손실로 인한 개인적인 피해다. 주가가 50% 하락하면 연말에 주택 계약금이나 퇴직금으로 사용하려던 개인에게 치명적일 수 있다. 주식이 젊은 투자자의 은퇴 저축의 일부였다면, 50% 하락은 훨씬 덜 충격적일 것이다.

반복하자면, 투자의 다운사이드는 '잠재적 손실'과 손실로 인한 '개인적 피해'의 함수다. 대부분의 개인에게 투자 결과는 비대칭적이다. 손실로 인한 피해는 비슷한 규모의 이익보다 더 치명적이기 때문이다.

예를 들어 20%의 임금 삭감과 20%의 임금 인상이 당신의 생활 방식에 어떤 영향을 미칠지 비교해 보라. 임금 삭감으로 얻는 피해가 임금 인상이 주는 혜택보다 훨씬 치명적일 것이다. 만약 수입이 40% 삭감된다면 그 피해는 20% 삭감보다 두 배 그 이상으로 나쁠 수도 있다. 왜냐하면 그 시점에서 우리는 청구서를 지불하지 못해 파산 신청을 해야 할지도 모르기 때문이다. 이런 점에서 우리 중 많은 사람은 내가 식기세척기로 깨뜨린 샴페인 잔처럼 약하다. 다운사이드 변동성이 크게 증가하면 불안정한 움직임이 깨지기 쉬운 유리 제품을 깨뜨릴 수 있는 것처럼 재정적으로 우리를 깨뜨릴 수 있다.

리스크는
어디까지 허용해야 하는가?

손실이 클수록 재정적 피해는 기하급수적으로 증가하고 우리의 행동도 변한다. 나는 2008년 금융 위기 이후 주식 시장으로 돌아오지 않은 투자자들을 알고 있다.

투자 전문가들은 이들이 위험을 허용하는 범위가 낮고, 변동성이 더 큰 자산군에 투자할 때 발생하는 불확실성을 좋아하지 않는다고 말한다. 조지아 대학의 재무 설계학 교수 존 그레이블John Grable은 위험 허용을 '가능성이 부정적일 수 있는 위험한 행동에 관여하려는 의지'로 정의했다.

재무 설계사들은 잠재 고객들에게 재무 위험 허용을 평가하는 설문지를 작성하도록 요청하는 것이 일반적이다. 이는 주식처럼 변동성이 큰 자산군에 대해서 리스크에 노출된 금액, 즉 익스포저Exposure 수준을 결정하는 데 사용한다. 하지만 이런 설문지에는 여러 가지 문제가 있다.

캐리 팬Carrie H. Pan과 메이어 스타트먼Meir Statman은 우리의 상황, 시장 상황, 최근 경험, 심지어 자산군에 따라 위험의 허용 범위가 달라진다고 지적했다. 주식의 고수익 기간은 일부 투자자들이 주식을 '고수익, 저위험' 자산군이라고 믿게 하고, 해당 기간 이후에 더 많은 위험을 감수할 의지를 표명했다. 마찬가지로 2008년 같은 시장 붕괴 이후에 일부 투자자들은 두려움에 떨며 주가가 '저수익, 고위험' 자산군이라는 믿음으로 리스크를 갖지 않으려는 의지를 표현했다. 같은 투자자라도 일부는 시장 붕괴 이전에 더 높은 위험 허용을 보였을 수 있는 것이다.

설문지의 또 다른 문제는 우리가 목표에 따라 투자를 다른 정신적 자산 계정Mental Account으로 나누는 경향이 있다는 것이다. 정신적 자산 계정이란, 실제로 대체 가능할지라도 투자자의 마음속에서 대체 불가능한 것처럼 취급해 버리는 효과를 말한다.

결과적으로 우리의 위험 허용 범위는 투자가 무엇이냐에 따라 달라질 수 있다. 대학 저축성 펀드에 대한 투자자의 위험 허용 범위는 공격적인 투자에 성공해서 부자가 되는 것을 목표로 하는 펀드와 다를 수 있는 것이다.

마지막으로, 리스크에 대한 관용은 개인의 경험에 따라 달라지므로 투자 포트폴리오 구성을 조정할 수 있다. 사람들은 투자 경험을 쌓으면서 재정 상황도 달라진다. 이런 투자 경험이 투자 결정과 시장 수익 패턴에 따라 리스크를 감수하도록 만들 수 있다. 우리는 평균 이상의 주식 수익률을 장기간에 걸쳐 저축하고 투자했는가? 시장의 손실로 주식의 하락세가 계속된 것은 아닌가?

나도 모르게
손실을 부르는 행동 편향

리스크와 관련된 선호도는 개인의 경험, 현재 상황, 그리고 정신적 자산 계정에 따라 변한다. 따라서 개인의 위험 허용 범위를 근거로 투자를 선택하는 것은 매우 어렵다. 요컨대, 리스크에 대한 평가와 혐오감은 변할 수 있고 편향돼 있다. 심리학자 다니엘 카네만Daniel Kahneman과 아모스 트버스키Amos Tversky는 인간이 결정을 내리는 방식을 획기적으로 연구해 노벨상을 수상했다. 그들은 이렇게 말한다.

"불확실성하에서 예측과 판단을 할 때, 사람들은 제한된 수의 휴리스틱에 의존하여 때로는 합리적인 판단을 내리고 때로는 심각하고 체계적인 오류로 이어진다."

그들의 연구에 따르면 개인은 자신의 마음속에 있는 모델과 비교하며 사건의 가능성을 평가한다. 현재 상황들이 그 모델을 대표하는가? 기존의 패턴에 적합한가? 우리는 무의식적으로 판단을 내리고 일치하는 것을 발견하면 어떤 일이 일어날 것이라고 직감한다. 일단 한번 직감하면, 그 생각은 풀기 어렵다.

이런 정신적 모델은 표본을 잘 반영하기보다는 최근 경험한 것을 기반으로 한다. 2008년 금융 위기 이후 투자자들에게 들어오는 경제 데이터는 경기 침체 또는 약세장이 임박했다고 확신하게 만든다. 때로는 좋은 비교 상대를 찾지 못하고, 어쩔 땐 너무 빠르게 상대를 찾고 사건을 확신한다. 현재 상황이 아주 독특하기 때문에 하지 말아야 할 사건이 일어날 가능성이 매우 높다고 판단한다. 마지막으로 의사 결정과 관련해 우리는 뒤늦은 편견에 시달린다. 일단 무슨 일이 생기면 이전에 할당한 낮은 배당률은 기억하지도 못하고, 반드시 일어날 것이라고 믿는 것이다.

이 책이 던지는 10가지 질문은 투자 결정을 내릴 때 내재된 행동 편향을 극복하거나, 적어도 인지하는 데 도움이 된다. 직감에 의존하기보다는 현재의 소득 흐름, 경제적 중력과 관련된 현실적인 현금 흐름 증가율, 그리고 현재 투자자들이 현금 흐름에 지불하는 가격처럼 객관적인 기준으로 수익과 손실 기대치를 고정할 수 있다.

최악의 손실과
회복

투자의 잠재적인 다운사이드를 평가할 땐 최근 경험을 바탕으로 한 시나리오에 집착하기보다, '맥시멈 드로다운'이라고 알려진 객관적인 접근 방식이 낫다. 이는 투자의 최대 하락폭을 분석하고 손실을 회수하는 데 드는 '회복 기간'을 계산하는 것이다. 최악의 시나리오를 지나면 얼마나 많은 재정적 손실을 입을지 추정할 수 있다. 재정적 손실에는 생활 방식, 지출 또는 향후 계획을 변경해야 하는 것도 포함된다.

인덱스 뮤추얼 펀드 또는 ETF를 통한 주식 투자의 경우, 현실적인 가정은 회복 기간을 제외하고 최대 60%의 손실을 줄이는 것이다. 그것은 역사적 경험에 따른 수치였고, 정의상으로는 항상 일어났던 모든 일들이 이전 최악의 경우를 초과했다는 것을 인식하는 것이다.

표 4.1은 이 책에서 논의한 자산군에 따른 고점 대비 최대 하락폭 및 회복 기간의 추정치다.

자산군	SEC 수익률	듀레이션
미국과 해외 주식	-60%	48
부동산 신탁	-60%	43
미국 투자 등급 채권	-5%	12
미국 고수익 채권	-36%	18
현금	0%	0

표 4.1 자산군에 따른 고점 대비 최대 하락폭 및 회복 기간

표에 상품, 가상 화폐 같은 투기 자산이 없다는 것을 알아차렸는가? 소득 흐름이 없고 수익률이 긍정적일지 부정적일지 예측하기 어려운 투기의 경우, 회복 기간이 없는 상태에서 모든 돈을 잃게 되는 최악의 시나리오를 가정한다. 마치 가족의 창업에 투자하면 돈이 사라지는 것과 같다. 물론 투자로 구성될 수도 있지만 나는 일종

의 선물이라고 생각한다. 마찬가지로 비트코인 같은 가상 화폐에 대한 투기가 0으로 떨어질 정도로 손실 규모가 커지고 가치가 없다고 판단되면 해를 입지 않고 손실을 감수할 수도 있다.

투기의 손실 가능성을 100%로 가정하는 것이 극단적으로 보일 수도 있다. 이런 극단적인 접근 방식은 정신적으로 재난에 대비하고 투기에 너무 많은 자본을 할당하지 않도록 돕는다. 로마 철학자 세네카^{Seneca}는 친구 루킬리우스^{Lucilius}에게 보낸 네 번째 편지에 이렇게 썼다.

아무리 큰 행복이라도 그것을 잃었을 때를 대비하지 않은 사람을 행복하게 만들지는 않는다네. 잃어버려도 마음이 아주 가벼울 수 있다면 잃어버린 것을 아깝다고 느끼지 않는 법이네. 그러니 제 아무리 강한 권력자라도 덮칠 수 있는 사태에 맞설 수 있도록 스스로를 격려하고 마음을 단단히 해 두게.

나이 들수록 포트폴리오가 안전해야 하는 이유

포트폴리오 손실이 생기면 퇴직자의 노후 자산에 상당한 타격을 준다. 예를 들어 은퇴 첫해 포트폴리오에서 4%를 인출한 뒤 물가 상승률에 따라 연간 지출 금액을 조정하는 퇴직자는 연간 포트폴리오 수익률 5.5%, 연간 물가 상승률 2.5%로 가정하여 포트폴리오가 44년간 지속될 것으로 예상했다. 그러나 은퇴 10년 차에 포트폴리오가 40% 감소하고 손실을 회복하는 데 4년이 걸린다면 매년 인출하는 금액을 줄이지 않는 이상 이 포트폴리오는 30년밖에 지속되지 않는다. 손실 후 자산 기반이 작을 경우, 포트폴리오 가치의 백분율이 4.5%에서 8.1%로 증가함에 따라 연간 인출 금액이 증가하기 때문이다. 이 개념은 스프레드시트로 모델링하면 이해하기 쉽다. 은퇴 후 지출 스프레드시트를 다운로드하고 사용법을 설명하는 비디오는 moneyfortherestofus.com/tools에서 찾을 수 있다.

자산 가격이

하락하는 이유

자산의 가격이 하락하는 이유는 투자자들이 미래의 현금 흐름 증가율이 더 낮을 것이라고 믿거나, 미래의 현금 흐름만큼 많은 돈을 지불할 의사가 없기 때문이다. 투자자들이 자산군을 지속적으로 재평가하는 이유는 뭘까? 한 가지는 금리 변화다. 금융 이론은 주식의 정확한 가격을 '미래 배당금의 현재 가치'라고 말한다. 현재 가치는 미래 현금 흐름이 현재 달러로 표시된 가격이다. 현재 가치를 설명하는 또 다른 방법은 투자자가 현재나 미래에 현금을 받는 것에 무관심하게 만드는 가치다.

그렇다면 무엇이 투자자를 무관심하게 만드는가? 만약 1년 후 인도되는 현금이 투자자의 최소 수익률 요건에 부합한다면 투자자는 무관심할 것이다. 예를 들어 최소 6%의 투자 수익률을 요구하는 투자자는 100달러의 연간 수익률이 6달러에 해당하기 때문에 현재 100달러 또는 1년 후 106달러를 받는 것에 무관심할 수 있다. 여기서 지금부터 1년 후에 받는 106달러의 현재 가치는 100달러다.

금리가 상승하면 투자자가 무위험 단기 국채로 수익을 1% 더 올릴 수 있고, 위험 투자에 더 많은 수익을 요구할 것이다. 요구 수익률이 높을수록 미래 현금 흐름의 현재 가치가 낮아져 투자 가격이 하락할 수 있다. 우리는 지난 장에서 단기 금리의 예상 경로가 변하거나 예상치 못한 인플레이션, 혹은 투자자가 더 높은 이자율로 만기 프리미엄을 요구할 때 금리가 변동하는 것을 봤다.

상대적으로 위험이 적은 1년 만기 미국 국채 수익률이 2%에서 3%로 올랐다면 투자자는 1년 동안 위험한 투자를 유지하는 대가로 6% 대신 7%의 수익률을 요구할 수 있다. 7%의 수익률로 1년 후 받는 106달러의 현재 가치는 99.07달러다. 요구 수익률이 6%에서 7%가 되면서 현재 달러화의 현재 가치는 1달러 미만으로 하락했다.

자본주의 경제는
불안정할 수밖에 없다

투자자들이 전체 경제가 미래 현금 흐름에 미치는 영향을 평가할 때, 금리 변동 외에도 자산 가격은 변동성이 크다. 경기가 위축되면 매출이 감소하고 기업 실적에 타격을 준다. 수익성이 낮다는 것은 투자자에 대한 배당금 지급이 낮아져 배당금의 현재 가치가 낮아진다는 것을 의미하며, 결국 주가는 하락한다.

네드 데이비스 리서치의 자료에 따르면, 1916년 이후 미국에서는 12개의 가장 크게 하락한 주식 중 10개가 경기 침체기에 발생했으며 평균 47%의 하락을 기록했다. 전 영국 은행의 총재 머빈 킹^{Mervyn King}은 다음과 같이 말한다.

"투자자들이 알 수 없는 미래에 대처하고 있기 때문에 주가가 움직이는 것이다. 미래 이익에 대한 그들의 판단은 매우 불안정할 수 있다. 이런 불안정성은 자본주의 경제의 기본이다."

기업 이익이 줄면 기업들은 부채를 지불하지 못한다. 투자자들은 채무 불이행의 위험을 보상하기 위해 더 높은 수익률을 요구한다. 그 결과 채권 가격은 낮아진다.

이것은 주식과 채권의 변동성이 종종 경기 둔화와 동시에 급등한다는 뜻이다. 비행기에서 에어 포켓에 부딪히는 충격에 또 다른 충격이 뒤따르듯, 금융 시장에도 상대적으로 평온한 시기에 뒤이어 격동적인 시기가 뒤따르는 클러스터링 효과가 있다. 투자자가 변화하는 경제에 비춰 투자 전망을 재평가하면 변동성은 증가한다.

더 많이 돌려주는
기업을 선택하라

∧
∧
∧

투자자들의 재평가는 자본 프로젝트 및 그들이 추구하기로 한 이니셔티브와 관련된 기업의 행동에도 영향을 미친다. 하버드 금융 교수인 미히르 데사이[Mihir Desai]는 다음과 같이 말했다.

"가치가 어디에서 나오는가에 대한 금융의 대답은 간단하다. 당신이 맡긴 자본은 수익을 기대할 수 있기 때문에 비용을 지불해야 한다. 기대 수익은 자본 비용이다. 당신은 그들의 자본을 관리하고 있다. 가치를 창출하고 싶다면 기대와 자본 비용을 '초과해야' 한다."

항공사 등 기업이 비행기를 구입하거나 새로운 시장에 진입하는 등의 프로젝트

주식시장을 이기는 10가지 질문

를 평가할 땐 투자자들을 위한 기대 수익률 요건과 부채의 이자율 가중 평균인 자본 비용을 초과하는 수익 창출을 도모한다. 이런 사업은 가치를 창출하며 이 기업들은 투자자에게 받는 것보다 더 많이 돌려준다.

기업의 프로젝트 수익이 자본 비용에 미치지 못하면 가치가 파괴된다. 물론 투자자들이 주식과 채권 수익률을 높이면 프로젝트가 만날 장애물도 많아진다. 이는 결국 자본 비용이 증가하고 프로젝트의 경제적 실행 가능성이 떨어지기 때문에 일부 기업 프로젝트에 자금이 지원되지 않을 수 있음을 의미한다.

포트폴리오의
리스크 관리 방법

투자의 다운사이드는 투자의 잠재적 손실과 손실로 인한 개인적 피해의 함수다. 투자의 다운사이드를 평가할 때 목표는 손실을 완전히 피하기보다는 돌이킬 수 없는 재정적 피해를 피하는 것이다. 전 연방 준비 제도 이사회의 의장 벤 버냉키[Ben Bernanke]는 자신의 멘토 두 명이 "비행기를 절대 놓치지 않으려면 공항에서 아주 많은 시간을 보내면 된다"라고 한 말을 이렇게 해석했다.

"만약 어떤 금융 위기의 가능성을 절대적으로 배제한다면, 경제 성장과 혁신의 측면에서 리스크를 너무 많이 줄인 것이다."

투자 관점에서 이 비행기 은유는 위험을 너무 많이 줄인 것이고, 그렇게 되면 포트폴리오는 인플레이션 속도를 맞추지 못할 수도 있다. 포트폴리오가 안전해 보일 수도 있지만 실제로는 인플레이션 조정 기준으로 돈을 잃고 있음을 의미한다.

우리는 리스크 허용 범위와 투자의 위험성을 모두 평가하기 어렵게 만드는 고유한 행동 편향을 가졌다. 따라서 투자의 다운사이드를 결정하는 객관적인 접근 방식은 최대 손실(최악의 역사적 하락)과 회수 기간(손실을 회수하는 데 얼마나 오래 걸렸는지)을 분석한 다음 특정 포지션 규모의 손실이 우리에게 미칠 재정적 가능성을 추정하는 것이다. 소득 흐름이 없는 가상 화폐 등의 투기는 회복 없이 최대 100% 손실을 가정해야 한다. 은퇴자들의 경우, 대규모 포트폴리오 손실은 특히 치명적일 수 있다.

은퇴를 수십 년 앞둔 사람은 주가가 60% 하락해도 주식이 회복될 충분한 시간이 있기 때문에 돌이킬 수 없는 재정적 피해를 입을 가능성이 낮다. 결과적으로 이 투자자들은 포트폴리오에 주식을 더 많이 투자해서 변화에 대비하고, 장기적으로 인플레이션을 앞지르는 자산군으로 이익을 얻을 수 있다.

•_ 4장 요약

□ 변동성은 유가 증권 또는 자산군이 예상 또는 평균 수익에서 얼마나 벗어나는지를 측정한다. 투자의 변동성이 클수록 어느 시점에서는 돈을 잃을 가능성이 커진다.

□ 금융 시장에서 상대적으로 평온한 시기에 뒤이어 더 격동적인 시기가 오기 때문에 변동성은 클러스터링되는 경향이 있다.

□ 투자의 다운사이드는 투자의 잠재적 손실과 손실로 인한 개인적 피해의 함수다. 다운사이드를 평가할 때 목표는 돌이킬 수 없는 재정적 피해를 피하는 것이지, 손실을 아예 피하는 것이 아니다.

□ 투자의 다운사이드를 결정하는 객관적인 접근법은 투자의 최대 손실(최악의 역사적 감소)과 회수 기간(손실을 회수하는 데 얼마나 오래 걸렸는지)을 분석한 다음, 손실이 발생할 수 있는 재정적 가능성을 추정하는 것이다.

□ 가격이 하락하는 이유는 투자자들이 미래의 현금 흐름 증가율이 더 낮을 것이라고 믿거나 미래 현금 흐름에 대해 그만큼의 금액을 지불할 의사가 없기 때문이다. 금리 변동과 경제 성장률 전망은 시장 변동성에 기여한다.

5
질문

누가, 왜
그 주식을 파는가?

누가 우리에게 투자 상품을 팔았는지 알아야 성공과 가까워지

고, 다른 투자자들을 능가하는 것에 의존하는 금융 상품을 피할

수 있다.

매도자가 알고 있는
정보를 파악하라

투자는 혼자 하는 일이 아니다. 새로운 투자를 하려면 누군가가 우리에게 투자 상품을 팔아야 한다. 매도자는 또 다른 투자자가 될 수 있고, 전문 고문이 관리하는 투자 상품이라면 투자 스폰서가 될 수도 있다. 이 장에서는 다른 투자자들과 교류할 때 무엇을 고려해야 하는지, 특히 매도자가 모를 수도 있는 것들을 살펴본다.

투자 고문을 하기 전에 나는 리스 회사에서 재무 분석가로 3년을 일했다. 이 회사에서 18개월 정도 근무하니 리스와 관련한 메커니즘을 충분히 이해했다고 생각했다. 당시 나는 막 첫 집을 샀고, 돈은 빠듯했고, 매일 출근할 때 타고 다니던 낡은 트럭을 고치는 생활에 지쳐 있었다. 나는 도요타 대리점에서 월 지불액이 가장 낮고 돈이 적게 드는 새 차를 임대하려 했다. 모델, 색깔, 특징은 신경 쓰지 않고 보증서가 있는 차를 찾았다. 이는 차량 수리비를 지불할 필요가 없기 때문이다.

자동차 대리점의 재무 관리자와 나는 영업 사원을 중간에 세워 두고 협상했다. 마침내 매니저가 나를 사무실로 다시 초대했다. 그는 내가 리스 경제를 잘 알고 있다는 것을 알고 대리점의 비용, 수익, 이자율, 그리고 3년 말 추정 잔여 가치를 포함한 거래의 세부 사항을 보여 줬다. 그걸 본 나는 차를 임대하기로 결심했다. 그 대리점의 이익은 300달러도 안 됐다. 도요타로부터 받는 인센티브가 있다 해도 화면으로 보여 주는 딜러의 정직함은 내가 임대차 계약에 서명하게 만들었다.

당신은 투자를 했는가, 투기를 했는가?

나는 리스 거래를 할 때 마음이 편했다. 건전한 결정을 내릴 만한 충분한 정보를 가졌다고 느꼈기 때문이다. 누구를 상대하는지 알고 있었고, 도요타 브랜드를 신뢰했고, 거래 내용은 투명했고, 자동차의 결함을 책임지는 보증서도 있었다.

이 자동차 거래를 2장에서 공유한 상품 거래자로서의 경험과 비교해 보자. 원유 선물 계약을 체결했을 때 내 주문은 중개인을 거쳐 상품 거래소로 전달됐다. 상품 거래소는 구매자와 판매자 모두에게 거래처 역할을 했다. 상품 거래소의 소유주인 시카고 상업 거래소의 재원이 거래를 뒷받침했기 때문에 실패를 걱정할 필요는 없었다. 주식, ETF, 채권 등 상장 증권과 관련된 대부분의 거래도 실패를 걱정할 필요가 없다. 보통 브로커가 파산할 경우를 대비해 투자자를 보호하기 위한 보험 펀드뿐만 아니라 거래를 뒷받침하는 브로커와 거래소의 재원이 있다. 그러므로 주식을 팔면 거래가 청산되고 돈을 받을 수 있다고 확신할 수 있다.

개인 거래는 그렇지 않다. 도요타 대리점의 경우, 나는 차주들이 차량을 인도해 줄 것이라 믿었다. 보호책으로 리스 계약도 했다. 하지만 나는 리스 계약이 끝날 무렵에 개인 구매자에게 차를 팔았는데, 현금으로 정산했기 때문에 수표가 반송될 걱정은 하지 않아도 됐다.

원유 선물 가격과 달리 자동차의 향후 가격이 어떻게 될지 매우 확신했다. 감가 상각으로 가치는 하락하겠지만 다운사이드는 제한돼 있다. 리스 계약에서 가정한 잔존 가액보다 가치가 낮으면 리스 종료 후 도요타에 차를 반납할 수 있었다. 가치가 있다면 그 차를 산 다음 제3자에게 팔아 약간의 수익을 낼 수도 있다.

원유 선물 계약 당시 나는 원유의 생산, 정제, 저장, 소비 등에 얼마나 통찰력이 없었는지 깨달았다. 나는 매수 및 매도 주문량이나 실행 대기 중인 주문이 뭔지도 몰랐다. 그냥 가격이 오를 거라고 짐작할 뿐이었다. 이것이 바로 투기였던 이유다.

당신은 누구와
거래하고 있는가?

우리는 투자를 시작할 때마다 거래의 반대편에 누가 있는지 알아야 한다. 이 거래에는 두 가지 측면이 있다. 첫 번째는 상대방에 대한 지식이다. 거래가 성사될 것이라고 얼마나 확신하며, 문제가 생기면 어떤 보호 조치가 가능한가?

예를 들어 투자자가 집을 고치거나 임대하려는 사람에게 대출해 주는 부동산 크라우드 펀딩 사이트가 있다. 그런데 이들이 실제 차입자에게 돈을 빌려준 건지 알 수 없고, 차입자가 돈을 갚지 않으면 담보 지분도 없다. 이 크라우드 펀딩 플랫폼은 부동산에 대한 담보권을 가졌다. 투자자는 실제로 플랫폼이 발행한 주택 담보 대출 약속 어음에 투자한다. 플랫폼은 차입자에게 이자 및 원금을 상환받기 때문에 약속 어음을 지불해야 한다.

그러나 크라우드 펀딩 플랫폼이 파산하면 어떨까? 어음을 보유한 자는 플랫폼에서 담보되지 않은 채무를 부담한다. 그들은 그 플랫폼이 가진 어떤 부채보다 순위가 낮을 것이다. 이처럼 크라우드 펀딩 투자 플랫폼은 투자자들이 생각하는 것보다 훨씬 위험하다.

두 번째는 우리는 모르지만 판매자는 알고 있는 투자의 미래 가격과 관련이 있다. 로마의 철학차 키케로^{Cicero}는 기원전 44년에 쓴 《데 오피시스$^{De\ Officiis}$》에서 이렇게 썼다.

로도스에서 기근과 가난으로 식량이 엄청나게 비싸다고 가정해 보자. 그때 한 정직한 청년이 알렉산드리아에서 곡물을 대량으로 수입했다. 그런데 수많은 곡물 상인이 배에 곡물을 싣고 섬으로 들어오는 것을 보았다. 청년은 그 사실을 로도스 사람들에게 그대로 말해 줘야 할까, 아니면 말하지 않고 자신의 곡물을 비싼 값에 팔아야 할까?

키케로는 이 사람이 정직한 사람이라는 점에 계속 주목하며 이렇게 말했다.

"그 사실을 숨기는 것이 도덕적으로 옳지 않다고 판단하면 마을 사람들에게 말하겠지만, 도덕적으로 나쁘지 않다고 판단하면 망설이다가 결국 입을 열지 않을 것이다."

청년은 다른 상선이 도착하면 공급이 크게 급증할 것이라는 정보를 알고 있었다. 그 후 키케로는 바빌로니아의 디오게네스Diogenes와 그의 제자 안티파터Antipater와 토론을 하는데, 이들은 청년이 미래의 곡물 가격에 영향을 미칠 이 정보를 공개해야 하는지에 대해 각자 의견이 달랐다.

단지 사고 실험일 뿐이지만 정보의 우위를 점한 청년이 어떻게 행동할지를 결정하는 데 며칠이 걸렸는지 또는 몇 주가 걸렸을지 모르겠다. 왜냐하면 곡물을 가득 실은 배가 가격에 영향을 미칠 때까지 너무 느리게 움직였을 수도 있기 때문이다.

개인 투자자가
시장을 이기는 방법

오늘날 시장 가격에 영향을 미치는 정보는 초 단위로 빠르게 움직인다. 나는 앞서 상품 선물 거래에 실패한 경험을 공유했다. 당시 나는 상품의 수요와 공급에 관한 근본적인 통찰력도, 주문 흐름에 대한 정보도 없었다. 10~20년 전만 해도 그런 정보를 제공하는 수백 개의 상품 헤지 펀드가 있었다. 그러나 이제는 컴퓨터가 끊임없이 진화하는 양적 거래 알고리즘을 실행해 상품 선물 거래를 장악하면서 기본적인 정보를 기반으로 한 헤지 펀드 시상은 줄어들고 있다. 상품 선물 거래 협회의 자료에 따르면 외화 선물의 80%, 주식의 70%, 에너지 관련 선물의 50% 이상이 자동화된 거래다.

마사르 캐피털 매니지먼트의 최고 투자 책임자인 마르완 유네스Marwan Younes는 이렇게 말한다.

"20년 전, 당신이 상품 관리자에게 '왜 우리가 당신에게 투자를 맡겨야 하는가?' 라고 묻는다면, 전형적인 대답은 '나는 필요한 정보를 얻기 위한 네트워크를 가졌고, 그들에게 전화할 수 있다'는 것이다. 그러나 오늘날, 당신만 독점적인 정보를 가졌다는 말은 믿기 어려운데 말이다."

또한 BBL 커머디티의 설립자 조나단 골드버그Jonathan Goldberg는 이렇게 말한다.

"정부 자료나 보고서처럼 누구나 접근할 수 있는 정보를 독점적으로 거래하는 것은 어리석다. 당신은 기계보다 더 빨리 클릭할 수 없다. 그 말은 아마존보다 더 빨리 택배를 배송한다는 뜻이기 때문이다. 10년 전에는 그랬을 수도 있지만, 지금은 아니다."

개인 투자자와 기관 투자자

하지만 일부 개인 투자자들은 여전히 기관 거래자들과 경쟁하려고 한다. 나는 상품 선물과 외화를 거래하는 것에 푹 빠진 한 가구 판매원을 만난 적이 있다. 그는 65세였고 14년간 가구 회사에서 일했으며 회사의 확정 기여형 퇴직 연금 제도에 가입하지 않았다. 따라서 그의 연봉에서 퇴직 연금 제도에 넣지 않은 금액의 비중만큼 회사에서 지원해 주는 퇴직 연금 전부를 즉시 돌려받을 수 있었다. 그는 그 돈으로 주식 투자를 하지 않았다. 돈을 잃을 거라 생각했기 때문이다. 대신 그는 70세에 은퇴하려는 목표를 갖고 상품 선물과 외화 거래법을 배울 수 있는 무역 아카데미에 참가하며 2만 3,000달러를 지불했다.

그는 '자신에게 투자해야 한다'고 말했다. 5만 달러를 내면 개인 멘토링을 받을 수 있었지만 '더 저렴한' 패키지를 사용했다.

나는 그가 가입한 트레이딩 학원의 워크숍에 참여했고, 투자 경험이 적은 사람들이 왜 그렇게 많은 돈을 납부하고 트레이딩을 배우려 했는지를 이해할 수 있었다. 그 학원은 매우 단도직입적이었다. 트레이더들은 모든 자본을 한순간에 잃을 수도 있는 이유가 '선물과 옵션의 레버리지가 커서 거래 하나를 체결하는 적은 돈으로도 손익에 엄청난 영향을 미치기 때문'이라고 말했다. 따라서 그 학원 강사들은 성공적인 트레이더가 되는 방법은 손실이 난 거래를 빨리 끝내고 뛰어난 운용자들이 직접 운용하게 하는 것이라고 말했다.

그들은 트레이더가 거래에서 더 많이 이기려면 약간만 더 자주 맞히면 된다고 강조했다. 그들은 트레이딩 프로세스와 관련한 미국 특허에서 이를 실행하는 방법을 공유했다.

"보통 시장에서 트레이딩은 제로섬 게임이라는 가정하에 운용한다. 그러므로 다른 트레이더가 시장에서 저지르는 실수를 파악하여 이를 이용하는 것이 중요하다."

이 특허는 기관 트레이더들에게 악용돼 결국 손해를 보는 것은 초보 투자자라는 사실을 분명히 한다. 대부분의 초보 트레이더들은 '직감 이상의 것은 없다'고 생각하며 거래하거나 가격이 상승하면 구매하는 개인 투자자들이다. 이들은 기관이나 인공지능 같은 의욕적인 매도자의 공급이 매수자의 공급보다 큰 가격대에 산다. 구매자보다 판매자가 많기 때문에 가격은 하락하고 초보 투자자는 돈을 잃는다.

실력인가
운인가?

이런 식으로 얼마나 많은 초보 투자자가 이용당하는지 기가 막힌다. 그래서 우리는 거래의 반대편에 누가 있는지, 투자 책임자나 트레이더가 가격에 어떤 영향을 미치는지를 잘 알아야 한다. 액티브 매니저와 트레이더는 누구보다 주식을 고르는 안목이 뛰어나야 한다. 이들에게 할당된 개인과 기관 투자자 역시 어떤 매니저가 능숙한지 판단해야 하는 벅찬 과제를 안고 있다.

리서치 어필리에이츠의 설립자 롭 아노트는 "액티브 매니저가 승자라면 거래의 반대편에는 패자가 있다. 그렇다면 패자는 누구이며, 왜 그들은 기꺼이 패자가 되는가?"라고 이야기한다. 나는 오랫동안 숙련된 액티브 매니저를 뽑기 위해 노력했지만 이는 결코 쉬운 일이 아니었다. 능력 있는 매니저라도 저조한 성과를 거두는 기간을 겪고, 능력이 부족해도 운 좋게 오랫동안 성과를 낼 수도 있기 때문이다. S&P는 연간 지속성 연구를 통해 매니저들이 성과 측면에서 동료들의 상위 절반에 지속적으로 머무르는 경우가 적다는 것을 보여 줬다.

말콤 글래드웰Malcom Gladwell은 다음과 같은 통계적 사고 실험을 공유했다. 투자자가 얼마나 운 좋은 성과를 낼 수 있는지 입증하고 마치 숙련된 것처럼 보이게 한다. 실험은 1만 명의 투자 매니저를 대상으로 진행됐고 우연히 그들 중 절반은 돈을 벌고 나머지 절반은 돈을 벌지 못했다. 글래드웰은 잡지 〈뉴요커〉에 다음과 같이 썼다.

매년 패자가 버려지고 살아남은 사람들이 다시 게임을 시작한다고 가정하자. 5년이 지나면 그 해마다 돈을 버는 사람이 313명, 10년이 지나면 순전히 운이 좋아서 매년 연속으로 돈을 버는 사람이 9명이 될 것이다.

사람이 뛰어날까 알고리즘이 뛰어날까?

50년 전만 해도 수익이 좋은 증권을 조기에 매도한 사람은 주로 개인 투자자들이었다. 따라서 액티브 매니저가 우량 증권을 고르는 게 더 쉬웠다. 그러나 이제 개인들은 뮤추얼 펀드와 상장 지수 펀드ETF, 일부 패시브 펀드와 액티브 펀드를 통해 대부분의 주식 및 채권 익스포저를 확보한다. 전문적인 액티브 매니저들이 우수한 주식과 채권을 고르며 이들 중 대다수가 양적 거래 알고리즘을 이용하고 있다.

S&P 다우존스 지수는 매년 액티브 매니저의 투자 전략을 기록하는 스코어카드를 발표한다. 이 S&P 지수와 액티브 펀드 지수를 비교하는 보고서SPIVA는 전 세계 대부분의 액티브 매니저들이 패시브로 관리되는 벤치마크 수수료 순액보다 성과가 낮다는 것을 보여 준다.

예를 들어 2018년 12월 31일까지 15년간 미국 대형주 주식형 펀드의 92%가 S&P 500 지수를, 중소기업 펀드의 97%가 S&P 600 지수를 추종했다. 개인 투자자는 시장 지수에 직접 투자할 수 없기 때문에 인덱스 뮤추얼 펀드나 ETF에 투자한다. 모닝스타는 패시브로 운용되는 복합 펀드와 액티브 매니저의 성과를 비교하는 보고서를 만든다. 전략의 성과는 관리비 등 투자 비용을 제한 수치다. 이 보고서 역시 대부분의 액티브 매니저들이 10~20년이라는 기간 동안 수동적으로 관리된 수수료 순익보다 성과가 낮다는 것을 보여 준다. 심지어 그 기간 동안 성과가 저조하거나, 종료되거나, 합병되는 경우까지 합치면 실적이 저조한 매니저의 비율은 훨씬 더 높다.

제로섬 시장을
구분하라

적어도 주식 시장과 채권 시장에서는 액티브 투자자, 패시브 투자자 모두 오랫동안 플러스 수익을 얻을 것이다. 주가 수익률은 경제 성장과 연계된 배당과 배당 성장에 의해 좌우되고 채권 수익률은 이자 소득에 좌우되기 때문이다.

상품 선물 시장이나 외환 시장은 다르다. 상품 선물 시장에서 미래 유가가 상승할 것으로 예상해서 거래를 시삭하는 모든 트레이디는 미래 유가가 하락할 것으로 예상하는 누군가의 거래와 일치한다. 모든 성공적인 거래는 손실난 거래로 상쇄되기 때문에 모든 시장 참가자들의 평균 수익은 0이다. 선물 시장에서 유일하게 보장되는 플러스 수익은 투자자가 선물 시장에서 발생하는 손실을 상쇄하기 위해 중개 계좌에 보관해야 하는 금액에 받는 이자 소득이다. 이 중개소에서 보유하고 있는 자금을 유지 증거금이라 한다.

외환 시장은 수수료 전의 예상 수익률이 0이다. 외환 시장은 하루 평균 5조 달러 이상 거래가 이뤄지는 세계 최대 금융 시장이다. 외환 시장의 주체는 정부, 무역을 수행하는 기업, 헤지 펀드, 개인 등이다. 외환 시장은 중앙 집중식 거래소가 아닌 각종 전자 플랫폼, 은행, 시장 참여자 간 거래가 이뤄진다는 점에서 장외 시장이다.

예를 들어 한 무역업자는 미국 달러가 유로보다 가치가 떨어질 것이라고 추측하여 달러를 유로로 교환한다. 한편, 트레이드 반대편에 있는 한 기업은 유로를 달러로 교환한다. 달러가 약세를 보이면 무역업자가 이익을 얻지만, 유로를 달러로 바꾼 기업은 손실을 본다. 외환 시장에서는 승자 뒤에 패자가 있다. 모든 참가자의 순이익은 0이다. 그리고 은행이나 다른 거래 플랫폼에서 부과하는 수수료나 수수료 이후 순이익은 마이너스다.

알고리즘 이상의
능력이 필요하다

우리는 2장에서 기대 수익이 마이너스인 자산을 사는 것이 도박이라는 것을 알았다. 상품 선물과 외환 시장이 제로섬 게임이란 점을 고려하면 당신이나 내가 다른 투자자들이 모르는 것을 알고 이익을 얻을 가능성은 극히 희박하다. 사실 나는 이미 내가 노력했지만 실패했기 때문에 선물 계약과 외화 거래에 성공하지 못할 것이라는 사실을 알고 있다. 그렇기 때문에 나는 긍정적인 기대 수익이 있는 자산군을 고수한다. 왜냐하면 시간이 지남에 따라 현금 흐름과 현금 흐름에 따른 증가가 있기 때문이다.

투자자가 아닌 성공적인 트레이더가 되고 싶다면 증권이 긍정적인 기대 수익을 내야 한다. 복잡한 기관과 알고리즘보다는 투자자 대다수가 개인인 금융 시장에 참여할 필요가 있다. 내가 알고 있는 한, 그 설명에 맞는 유일한 시장은 우리가 다음 장에서 살펴볼 투자 수단인 폐쇄형 펀드다.

SPIVA나 모닝스타처럼 데이터 제공 서비스에서 나온 투자 수학과 정보는 가격이 잘못 매겨진 종목을 파악해 증시를 앞지르는 것이 극히 어렵다는 것을 분명히 보여 준다. 현재 가격이 미래 배당금의 현재 가치(오늘 달러화 대비 가격)보다 낮다는 점에서 저평가된 주식만 해당되는데, 전체 시장보다 더 좋은 성과를 낼 것이다. 시장 참여자들의 컨센서스 시각보다 더 잘 해내면서 상승세로 깜짝 놀라게 하는 종목들이다. 반대로 컨센서스 의견보다 실적이 나쁜 종목은 시장 실적이 저조할 수밖에 없다.

시장은 정말 효율적으로 돌아갈까?

고려해야 할 질문이 있다. 개인과 전문 투자자가 잘못 책정된 유가 증권을 식별하고 이익을 얻기 어렵다면 주식과 기타 금융 자산은 항상 정확한 가격을 매길까? 난 그렇게 생각하지 않는다. 시장 참여자들의 집단적 지혜는 틀릴 수 있다. 대학원과 학부 시절에 금융학을 공부하면서 '효율적 시장 가설'을 배웠다. 이 이론은 가설이 아닌, 의문의 여지가 없는 원칙이었다. 효율적 시장 가설은 폴 새뮤얼슨Paul A. Samuelson과 유진 파마Eugene Fama에 의해 고안됐다. 이들은 둘 다 노벨 경제학상을 받았고 1965년 유진 파마는 다음과 같이 썼다.

효율적인 시장은 합리적인 이윤 추구의 목적을 가진 다수의 거래자들이 서로 경쟁하고, 각자가 개별 주식의 미래 시장 가치를 예측하려고 노력하며, 중요한 정보가 모든 참여자에게 공개된 시장을 뜻한다. 효율적인 시장에서 많은 지적 참여자 간의 경쟁은, 어느 시점에서든 개별 주식의 실제 가격이 이미 발생한 사건과 현재 시점에서 시장이 미래에 일어날 것으로 예상되는 사건에 기반한 정보의 영향을 이미 반영하고 있다.

이 이론에 따르면 가격이 잘못 책정된 유가 증권은 없다. 모든 주식은 미래 배당 흐름의 현재 가치인 내재 가치를 반영한다. 모든 것이 이미 가격에 반영됐다면 왜 개별 증권을 선택하는 데 시간을 할애하는 것일까? 우리는 액티브 매니저를 찾기보다는 특정 주가 지수의 상승률만큼의 수익을 추구하는 패시브 인덱스 펀드에 투자하는 것이 낫다.

최고의 주식 매니저들이 만든
최악의 포트폴리오

나는 대학원을 졸업한 후에도 나만의 포트폴리오를 만들기 위해 여전히 개별 주식을 조사하고 투자했다. 어떤 교훈은 실천하며 배워야 한다. 내가 기관 투자 고문이 됐을 때 많은 시간을 현역 주식과 채권 운용사를 조사하는 데 보냈는데, 이들 중 상당수는 시장을 능가했다. 투자 경력을 쌓은 지 약 7년이 되자 나는 우리 회사의 최고 주식 매니저들의 상위 10개 보유 주식으로 구성된 주식 포트폴리오를 만들기로 했다. 이것은 우리가 확신하는 최고의 투자 회사, 시장을 능가하는 회사, 고객에게 가장 확실하게 추천하는 회사로 구성된 포트폴리오가 될 거라 생각했다.

나는 몇 달 동안 이 전략을 테스트하는 데 시간을 보냈고, 이 포트폴리오로 수백만 달러를 벌어들일 것이라 확신했다. 어떻게 실패할 수가 있겠는가? 최고 중의 최고로 구성된 80개의 주식 포트폴리오인데!

그러나 그것은 효과가 없었다. 나는 포트폴리오가 너무 많은 추적 오류를 나타내지 않도록 각 기업의 가중치를 최적화하기 위해 바라Barra의 리스크 관리 소프트웨어를 사용했다. 추적 오류는 포트폴리오가 목표 지수에서 얼마나 벗어나는지를 측정한다. 그리고 미국 증시의 척도인 러셀 3000 지수와 내가 구축한 포트폴리오의 실적을 비교했더니, 예상 관리 수수료를 뺀 내 지수 포트폴리오가 지속적으로 저조한 성과를 보인 것이다.

어떻게 이럴 수 있을까? 나와 내 동료들이 주식 매니저를 잘못 고른 걸까? 나는 나중에 본 성과의 상당 부분이 개별 종목을 선정하는 기술 때문이 아니라는 사실을 깨달았다. 초과 수익률은 오히려 더 높은 배당 수익률, 더 낮은 주가 수익률 또는 추가 신용 위험처럼 포트폴리오에 내재된 특정 편향이나 요인에서 비롯된 것이다.

요인은 광범위하고 지속적인 수익 창출의 원동력이다. 예를 들어 채권 매니저는 수익성이 높은 회사채에 더 많이 배분하여 블룸버그 바클레이즈 종합 채권 지수 같은 채권 벤치마크를 능가할 수 있다. 초과 수익률은 주어진 채권의 성과와는 관련이 없다. 더 높은 채무 불이행 리스크를 보상하기 위해 받은 누적 수익률과 관련 있다.

나는 포트폴리오 실험에서 광범위한 주식 시장 대비 추적 오류를 줄였고, 이는 특정 경영자들의 월등한 실적을 견인했던 요소들을 제거했다. 가치, 성장, 모멘텀 같은 다른 방식들은 수많은 매니저의 보유 주식과 결합함으로써 효과적으로 실적을 견인한 요소들을 상쇄시켰다. 결국 수수료와 거래 비용이 더 높은 포트폴리오를 만들어 성과가 저조했던 것이다.

ETF가
펀드 매니저보다 나은 점

나는 가치 편향과 같은 특정 요소에 익스포저를 부여하는 액티브 매니저들에게 돈을 지불하기보다는, 스스로 가장 매력적인 가치를 지닌 금융 시장의 영역을 강조하는 수천 개의 기초 증권들로 구성된 ETF 포트폴리오를 구축할 수 있다는 것을 깨달았다. 이 포트폴리오는 신흥 시장이나 중소기업 가치주와 같이 주어진 시간에 가장 높은 기대 수익률을 기록했음에도 역사적 밸류에이션보다 낮은 가격에 팔고 있었기 때문이다.

이것은 투자자들이 지나치게 비관적이거나 두려워서 미래 현금 흐름 증가에 더 많은 돈을 지불하지 않는 분야였다. 나는 파트너와 함께 성과 기록을 만들기 위해 돈을 올렸다. 이 상품은 성공적이었다. 2008년 글로벌 금융 위기 때와 같은 시기에는 불안했지만 결국 20억 달러에 가까운 고객 자산을 유치했다.

이 자문 상품은 액티브 매니저들이 주식을 잘못 고르기 어렵다는 미시적인 관점과, 때로는 가치 평가가 현실과 단절된 시기가 있다는 거시적인 관점을 가진 나의 경험으로 만들어졌다. 버블이 형성되거나 자산군이 엄청나게 저렴해진다. 나는 나중에 이 미시적 효율성과 거시적 효율성이라는 개념이 노벨 경제학상 수상자인 폴 새뮤얼슨의 이론이라는 것을 알게 됐다.

나는 이 시기에 이미 닷컴 버블의 흥망성쇠를 겪었다. 1990년대 후반은 인터넷 관련 주식의 가격이 급등하며 극단적인 밸류에이션에 도달한 시기였다. 액티브 매니저들은 시장을 능가하는 것이 매우 어렵다는 것을 알고 있었지만 시장 참여자들이 합리적 기대를 훨씬 넘어서는 수준으로 주가를 끌어 올릴 수 있다는 것도 알고 있었다. 즉, 투자자들의 탐욕과 수익률을 놓치는 것에 대한 두려움이 때로는 너무 강력해서 기대 현금 흐름 증가에 터무니없는 금액을 기꺼이 지불할 용의가 있었다.

다른 기간 동안 손실에 대한 두려움 때문에 투자자들은 무차별적으로 자산을 투매했고 이로 인해 밸류에이션은 역사적 평균치를 훨씬 밑돌았다. 나는 그룹 투자자가 틀릴 수도 있고, 유가 증권의 가격이 잘못 책정될 수 있다는 것을 깨달았다.

투자자의 예상을
뒤흔드는 기업

닷컴 거품이 터지기 직전인 2000년 3월, 내가 근무했던 자문사는 내가 쓴 논문 '수탁운용사들은 투자 포트폴리오에서 성장주 비중을 확대해야 하는가?'를 발표했다. 나는 그 논문을 몇 달 동안 썼고 도서관에서 학술지를 뒤적거리며 투자 세계가 정말로 변했는지 이해하려고 애썼다. 내가 투자 전문가로 일했던 5년은 엄청난 강세장이었다. 어쩌면 이번에는 정말 달랐는지도 모른다.

내가 이 책에서 이미 설명한 세 가지 성과 요인인 배당금, 수익 증가, 그리고 투자자들이 그 수익에 기꺼이 지불할 의사가 있는지에 따라 주식의 장기적인 성과가 달렸다는 사실도 연구를 통해 알게 됐다. 모든 주가에는 내재된 성장률이 매겨져 있다. 투자자들은 수익이 더 느리고 실적이 더딘 종목에 비해 기대 수익 증가율이 높은 주식에 더 많은 돈을 지불할 것이다. 하지만 여기에 핵심이 있다. 주식은 실제 수익 증가율이 이미 주가에 책정된 수익 증가율을 초과할 경우에만 시장을 능가할 것이다. 투자 성과가 뛰어난 것은 다른 기업보다 실적이 빠르게 증가해서가 아니다. 중요한 것은 그 회사가 투자자들이 예상한 수익 증가율보다 더 빨리 수익을 올릴 수 있는지 여부다. 내가 신문에 낸 논문의 내용은 다음과 같다.

인터넷과 새로운 경제 기술의 발전은 확실히 자본 시장과 우리의 일상생활에 깊은 영향을 미쳤다. 성장주는 수익이 빠른 속도로 증가하기 때문에 의심할 여지없이 제조업 중심의 구경제에서 주목 받은 가치주보다 더 높은 밸류에이션을 받을 자격이 있다. 그럼에도 불구하고 수탁운용사들이 포트폴리오에 있는 성장주 비중을 확대할지에 대한 여부는 기술 관련 성장주가 우리가 알고 있는 세상을 바꿀지에 대한 내기가 아니라는 점을 이해해야 한다. 그 질문에 대한 대답은 확실히 '그렇다'이다. 월스트리트 애널리스트와 다른 시장 참여자들이 첨단 기술 정보 통신 산업이 주도하는 신경제 주식의 수익 증가율을 과소평가하는 반면, 성장주 비중을 확대한 수탁운용사들은 수익 증가율을 과대평가하는 것에 내기를 하는 것이다. 투자자들이 기꺼이 베팅할 의향이 있다면, 이와 관련된 질문은 '잘못된 판단으로 인한 불이익을 상쇄하는 것보다 올바른 판단을 했을 때 잠재적 이득이 있는가?'이다.

흔들리지 않는 투자 원칙이 필요한 이유

MIT 슬론 경영 대학원의 재무학 교수인 앤드류 로[Andrew W. Lo]는 효율적인 시장 가설을 확장시켜 '적응적 시장 가설' 이론을 개발했다. 이 이론은 많은 환경에서 증권의 가격이 정확히 책정된다는 점에서 시장이 실제로 효율적이라고 말한다. 어떤 때에는 투자자가 포트폴리오 결정을 내리는 데 사용하는 휴리스틱, 즉 경험 법칙이 차선책일 정도로 환경이 변하기도 한다. 로는 다음과 같이 썼다.

> 대중의 지혜는 집단을 구성하는 개인들의 오류가 상호 상쇄된다는 전제하에 성립된다. 그러나 인류가 어떤 특정한 비합리성을 공유하고 있다면, 개인의 비합리적 행동은 다른 개인의 행동에 의해 상쇄되지 않고 오히려 증폭되어 집단 전체를 잘못된 길로 이끈다. 체중계가 고장 났다면 체중을 여러 번 잰다고 측정 결과가 정확

해지지 않는 것과 같다. 차익 거래와 이익 동기는 오판을 악용할 수 있지만 그들은 여전히 실수가 일어날 때 인식할 수 있는 투자자들의 능력에 의존한다. 보통 이런 기대는 현실적이지 않다. 금융 시장의 역사는 '합리적인' 투자자들이 강하게 확신하며 내린 합리적 판단들이 오히려 그들의 예상 범위를 벗어난 전혀 새로운 정보에 의해 완전히 비합리적이었다고 결론짓는 사건들로 가득하다.

로는 시장 참여자가 집단적으로 잘못되면 자산군을 체계적으로 과대평가 또는 과소평가할 수 있다고 주장한다. 적응적 시장 가설은 이런 행동을 순수하게 비합리적이라기보다는 '차선Suboptimal'이라고 부른다. 왜냐하면 경험적 접근법이나 투자자들이 참고하는 틀이 더 이상 시장 환경에 맞지 않기 때문이다. 로는 해변에 있는 백상어를 예로 들며 새로운 환경에 적응하지 못하고 차선의 행동을 한다고 말했다.

버블은 어떻게
투자를 망치는가?

시장 참여자들은 매우 불확실한 조건들에 있기 때문에 집단적으로 틀릴 수 있다. 투자자들은 그들이 어떻게 될 것이라고 생각하는지 이야기를 구성한다. 런던대의 의사 결정 불확실성 연구 센터의 소장 데이비드 터켓David Tuckett은 이렇게 말했다.

"금융 자산 가격은 펀더멘털로 설정될 수 없다. 펀더멘털은 지금도, 미래에도 알 수 없기 때문이다. 특히 이는 시장 컨센서스가 어느 순간에 사실이라고 판단하는 이야기에 의해 설정된다. 더욱이 사실로 판단되는 가장 일반적인 이야기는 펀더멘털보다 훨씬 빠르게 바뀔 수 있기 때문에 자산 밸류에이션 역시 빠르게 변할 수 있다."

터켓은 닷컴 버블과 네덜란드 튤립 파동처럼 이런 이야기들이 완전히 비현실적일 때가 있다고 지적한다. 참가자들은 '환상적인 대상'을 쫓는다. 이것은 우리의 가장 깊은 욕구를 충족시키고, 설득력 있는 이득을 약속하는 매우 흥미로운 아이디어나 사람 또는 사물이다. 환상적인 대상은 너무나 매력적이어서 그 어떤 의심도 물리친다. 따라서 투자자들이 가상 화폐 같은 고도의 투기를 확실한 베팅으로 여기며 막대한 자산을 배분해 크게 손해를 보도록 만든다.

10가지 질문의 답을 확실히 하면 '환상적인 대상'의 희생양이 되지 않고 중심을 지킬 수 있다. 이 전략은 리스크가 거의 없으면서도 큰 보상을 얻을 수 있다. 특정 투자의 업사이드와 다운사이드를 평가하고, 성공적인 투자를 위해 의심의 여지를 항상 남기고, 지나치게 자신만만해지는 것을 경계하면서 보다 합리적으로 행동해야 한다. 또한 우리와 반대되는 의견에도 귀 기울이며 편향되지 않고 신뢰할 만한 정보를 찾도록 노력해야 한다.

투자의 균형을
유지하라

"누가, 왜 그 주식을 파는가?"라는 질문에 답할 수 있다면 거래 상대방의 상환, 결제 의무 불이행으로 발생하는 위험을 피할 수 있다. 이를 '거래 상대방 위험^{Counterparty}

Risk'이라고 한다. 또 투자자의 반대편에 있는 사람을 고려해 보면 외화 거래 같은 금융 상황을 피하는 데 도움이 되는데, 이는 이윤을 창출하기 위해서 자산을 매도하는 기업보다 더 똑똑하거나 지식이 있어야 한다는 뜻이기도 하다.

신중한 투자자들은 자신들보다 한 수 앞선 다른 투자자들에게 의존하지 않고 높은 기대 수익률을 가진 투자 기회에 초점을 맞춘다. 따라서 나를 포함한 많은 투자자는 낮은 가격의 패시브 인덱스 펀드나 ETF를 포트폴리오로 주로 사용하게 된다. 패시브 인덱스 펀드는 특정 주가 지수를 구성하는 종목들을 담아 지수 상승률만큼 수익률을 추구하는 펀드다. 이러한 패시브 투자는 개별 종목을 선별적으로 매매하여 시장 평균 수익률을 능가하려는 액티브 투자와 달리 시장 평균 수익률에 맞추려고 노력한다.

패시브 인덱스 펀드를 사용한다고 해서 투자자가 모든 투자 분야에 소극적이어야 하는 것은 아니다. 앤드류 로는 그의 책에서 도발적인 질문과 대답을 던진다.

"패시브 투자가 항상 리스크를 수동적으로만 받아들여야 한다면, 인덱스 펀드를 사용하는 패시브 투자법은 액티브 운용의 이점을 받아들일 수 없는 것인가? 그렇지 않다."

포트폴리오 매니저의 일부는 기대 수익률과 가치 평가가 가장 괜찮은 영역에 적극적으로 할당하고, 투자자가 지나치게 낙관적인 분야는 피하므로 향후 수익률이 더 낮을 것이라 말한다. 그것이 '리스크 관리'다. 리스크 관리는 미래를 예측하는 일이 아니다. 헤지 펀드 매니저 레이 달리오는 이렇게 말한다.

"각 시점에서 이용 가능한 정보에 대해 적절하게 대응해라."

그렇다고 해서 우리가 매일, 매주, 심지어 매달 포트폴리오를 변경하는 것은 아니다. 이는 우리가 시장 환경을 잘 알고 투자자들이 들려주는 이야기에 관심을 기울이고, 적절할 때 신중하게 자산 배분 조정을 한다는 의미다.

•_ 5장 요약

□ 투자자의 반대편에 누가 있는지 알면 객관적으로 거래 실패로 인한 손실을 초래하는 상대적 위험을 식별하는 데 도움이 된다.

□ 투자자의 반대편에 누가 있는지 알면 미래를 예측하거나 다른 투자자들을 능가하는 것에만 집중해서 재정적으로 성공하는 투자를 피하도록 한다.

□ 성과 보고 서비스의 데이터에 따르면 가격이 잘못 책정된 종목을 식별해서 주식 시장을 능가하는 것은 매우 어렵다. 대부분의 액티브 매니저들의 성과는 저조하고, 실적이 우수한 매니저들은 지속적으로 높은 실적을 유지하지 못한다.

□ 가격이 잘못 책정된 개별 증권을 식별하기는 어렵지만 전체를 보는 투자자들이 잘못 판단한 경우도 있다. 결과적으로 자산군이나 시장의 하위 분류 시스템을 너무 과대평가했거나 과소평가했기 때문이다.

□ 포트폴리오 및 리스크 관리는 기대 수익률과 가치 평가 측면에서 가장 설득력 있는 분야에 적극적으로 배분하고, 투자자가 지나치게 낙관적인 분야는 피함으로써 향후 수익률이 낮아질 것임을 시사한다.

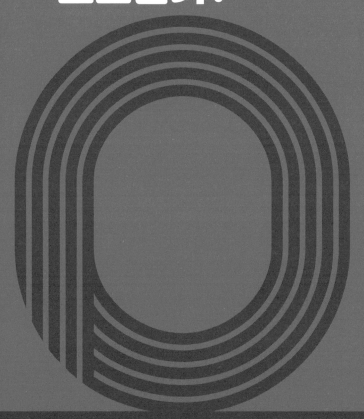

6

질문

투자 수단은
어떤 기준으로
고르는가?

투자 수단은 특정 투자 전략을 수용하는 도구, 금융 상품과 능력이다. 투자하기 전에 우리는 잠재적인 리스크와 예상 수익률을 포함한 투자 수단의 속성을 설명할 수 있어야 한다.

그 상품이 수익을 내는
원리를 아는가?

한 팟캐스트의 청취자가 나에게 익숙하지 않은 투자에 대해 물었다. 당시 97세였던 그의 아버지는 고관절 교체 수술을 받고 회복 중이었고 아들에게 세금 내는 것을 도와달라고 부탁했다. 세금 양식 중에는 길고 알 수 없는 이름을 가진 투자 상품들이 있었다. 청취자는 아버지의 브로커에게 그것들의 정보를 받고 팟캐스트 쇼에서 함께 의논하기 위해 사연을 보낸 것이다. 그가 보낸 투자 중 하나에는 이런 꼬리표가 붙어 있었다.

'아메리칸 항공, 델타 항공, 사우스웨스트 항공, 유나이티드 콘티넨털의 최악의 상황과 연계된 주가 연계 자동 조기 상환 가능 우발 수익 채권.'

나는 이 투자를 이해하기 위해 한 시간 동안 23페이지에 달하는 부록을 읽었다. 이것은 BNP파리바가 발행한 사모 증권이었다. 우발 수익 채권 발행 당시 4개 항공사 주식 중 50% 이상 하락하는 종목이 없으면 매월 9%의 연이율을 받는다. 3년 후 어음이 만기됐을 때 주식 중 50% 이상의 손실이 없으면 투자자들은 원금을 돌려받는다. 종목 중 하나라도 50% 이상 하락하면 최악의 실적을 낸 종목의 손실률만큼 원금 반환액이 줄어든다. 마지막으로, 첫 6개월이 지나고 모든 주식의 가격이 채권 발행 당시보다 상승하면 해당 채권은 조기 상환되며 더 이상의 이자 지급은 없다.

이 채권이 과연 투자할 만한 가치가 있을까? 투자하기 전 꼭 알아야 할 처음 다섯 가지 질문을 하며 따져 보자.

① 알고 투자하는가?

첫 번째 질문은 "알고 투자하는가?"이다. 일반적으로 이렇게 긴 이름과 23페이지에 달하는 설명서가 있는 투자는 다른 사람에게 설명하기 어렵다. 하지만 다른 질문들에는 어떻게 순위가 매겨지는지 좀 더 파고들어 보자.

② 투자인가, 투기인가, 도박인가?

두 번째 질문은 "투자인가, 투기인가, 도박인가?"이다. 이 주가 연계 우발 수익 채권은 플러스 기대 수익을 갖는 진정한 투자인가? 수익률이 긍정적일지 부정적일지의 의견 차이가 있는 투기인가? 아니면 기대 수익이 마이너스인 도박인가? 확실히 알 방법이 없다. 그 채권은 너무 복잡하고 수익률이 너무 불확실해서 분류조차 할 수 없다. 이는 투자하지 말아야 할 또 다른 이유다.

③ 수익을 내는 조건은 무엇인가?

이것은 간단하다. 이 채권의 상한선은 연간 9%다. 문제는 이 채권이 4개 항공사 주식 중 그 어느 것도 50% 이상 하락하지 않은 경우에만 수익을 창출한다는 점이다. 4개 항공사의 주가가 모두 상승하면 해당 채권은 조기에 상환되고 보유자는 더 이상 이자를 받지 못한다. 잠재적으로 보유자는 채권이 조기 상환되기 전에 두 번의 이자만 받을 수 있다. 그것은 4.5%의 수익률과 같으며, 그 중 커미션 3.5%를 제하면 수익률은 줄어든다. 이는 6개월 동안 보유자의 수익률이 1%라는 것을 의미한다.

④ 손실을 어떻게 막을 것인가?

채권의 최대 하락폭은 100%에 가깝다. 물론 그러려면 항공사 중 한 곳이나 채권 발행사가 파산해야 할 것이다. 그러나 드물지만 현실적인 리스크다. 아메리칸 항공 그룹의 전신인 AMR은 2011년 파산 신청을 해 주주들에게 거의 100%의 손실을 입힌 적이 있다.

판매자는
베팅하지 않았다

4개 항공사 중 한 곳이 파산을 면한 상태에서 주가가 절반으로 하락하여 50% 이상의 채권 손실이 발생할 가능성은 얼마나 될까? 2008년 글로벌 경기 침체기에 4개 항공사의 주가는 모두 50% 이상 하락했고 유나이티드 콘티넨털 홀딩스는 90% 이상 하락했다. 게다가 파산 이후 아메리칸 항공 그룹의 주가는 경제 성장기였음에도

2015년 3월 20일부터 2016년 6월 24일까지 50%가 넘게 폭락했다.

　우리는 이제 다음 두 가지 질문을 해야 한다. 첫 번째는 "누가, 왜 그 주식을 파는가?"이다. 이 질문은 거래 상대방 위험을 다룬다. 이것은 사모 채권이기 때문에 거래 상대방은 BNP파리바다. 채권에 대한 지불은 BNP파리바의 신용도에 따라 달라진다. 은행이 파산 신청을 하면 채권자들은 다른 무담보 채권자들과 줄을 서게 될 것이다. 채권을 뒷받침하는 기초 자산이 없기 때문에 투자의 전부 또는 대부분을 잃을 가능성이 있다.

　두 번째는 "매도자인 BNP파리바가 매수자가 모르는 증권의 미래 가치와 성과에 대해 무엇을 알고 있는가?"라는 질문을 고려하는 것이다. 많다. 의심할 여지없이 BNP파리바는 은행이 이익을 얻을 수 있도록 이 채권들을 광범위하게 모델링했다. 그 회사는 향후 3년 동안 항공사 주가가 50% 하락할 가능성이 얼마나 높은지의 추정치를 확실히 갖고 있었다.

　실제로 BNP파리바는 은행이 매년 9%를 지불하더라도 수익을 내기 위해 리스크를 헷지했을 것이다. BNP파리바에는 이 채권들이 구성된 방식과 정반대의 방식으로 베팅하는 고객들이 있을 수도 있다. 이 경우 BNP파리바는 항공주들의 실적에 무관심할 것이다. 왜냐하면 고객들과 채권 매수자들의 베팅이 서로에게 부정적이기 때문이다. BNP파리바는 수수료 수입으로 이익을 얻을 것이다.

　연간 9%의 수익률은 매력적이다. 만약 내가 이 투자를 보고 질문하지 않았다면 향후 3년 안에 항공사 주식 중 한 곳의 주가가 50% 이상 하락할 가능성은 작다고 생각했을지도 모른다. 이 사모 채권의 매수자는 항공사 주가가 50% 이상 하락하지 않을 것이라는 데에 베팅한 것이다. 그러나 BNP파리바는 이 채권들을 팔 때 베팅하지 않았다. 오히려 이익을 확보하기 위해서 안전한 보호 장치를 만들었을 뿐이다.

유동성으로
투자 수단을 평가한다

앞서 다섯 가지 질문으로 '자동 조기 상환 가능 우발 수익 채권'을 매수하는 것을 피할 수 있었다. 업사이드는 9%로 제한됐고, 손실 위험은 상당하다. 불행히도 97세의 남자는 피하지 못했다. 그의 브로커는 그에게 이 증권 중 9개를 팔아 각각 3.5%의 수수료를 챙겼다. 이 채권은 고객 순자산의 8%를 차지했다. 미국 사회보장청에 따르면 97세 남성의 기대 수명은 2.48년이고, 98세에 사망할 확률은 30%다. 다시 말해, 이 유동성 증권들이 고객의 기대 수명보다 더 오래 유지되는 것이다.

그 채권은 이 남자에게는 완전히 부적합했다. 비록 긍정적인 기대 수익률을 제시하며 이해하기 쉬웠다 해도 고객의 수명을 고려하면 이는 적절하지 않은 투자였다. 그 브로커는 조건부 지급 어음이 유산으로 남기는 계획의 일부가 아닌 이상, 고령의 고객이 사망할 경우 쉽게 매각할 수 있는 투자를 추천했어야 했다. 내 청취자가 자동 조기 상환 채권을 언급한 지 석 달 후 그의 아버지는 눈을 감았고, 이 복잡한 투자는 유산 집행인이 처리하도록 남겨졌다.

투자 수단이란
무엇인가?

유동성과 투자를 종료하는 능력은 여섯 번째 질문인 "투자 수단은 어떤 기준으로 고르는가?"에 답할 때 고려해야 할 요소 중 하나다. 투자 수단이란 특정 투자 전략을 수용하는 도구, 금융 상품 또는 능력을 말한다. 투자 수단은 개별 주식, 채권, 부동산 또는 자동 조기 상환 가능 우발 수익 채권처럼 수익을 창출하는 실제 금융 상품이 될 수도 있다. 또는 뮤추얼 펀드, 폐쇄형 펀드, ETF처럼 여러 주식이나 채권, 다른 증권을 선택할 수 있는 집합체일 수도 있다. 때로는 부동산 투자 신탁 ETF 같은 여러 층의 투자 수단들이 있는데, 이는 공적으로 거래되는 신탁에 투자하여 사무실 건물, 아파트, 소매점의 임대료를 징수한다.

기대 수익, 수익의 원동력, 그리고 변동성과 최대 손실률로 예측할 수 있는 위험은 투자 수단의 속성이다. 이 주제들은 이미 이전 장에서 다뤘다. 투자 수단이 자동차라면 우리는 엔진과 변속기, 브레이크 등을 분석했을 것이다. 이제부터 우리는 자동차 인테리어 같은 다른 구성 요소를 살펴볼 것이다. 투자 수단을 평가할 때 고려해야 할 네 가지 추가 속성은 '유동성', '비용', '구조', '가격'이다.

유동성, 투자 조건을
이해해야 보인다

유동성은 투자를 얼마나 빠르고 쉽게 매도할 수 있는지, 그럴 때 드는 비용은 얼마인지, 매도 후 얼마 동안 돈을 받는지 등을 측정한다. 예를 들어 주식과 ETF는 거래소에서 시장 거래일 내내 판매되므로 '장중 유동성'이 있다. 개방형 뮤추얼 펀드는 시장이 마감된 후 거래되기 때문에 '종가 유동성'이 있다. '일일 유동성'이 있다고 해서 그 즉시 돈을 받는 것은 아니다. 미국의 경우, 증권사들은 주식이나 ETF와 같이 상장 증권 판매를 통해 2영업일 이내에 고객에게 자금을 지급해야 한다.

유동성 조항은 다양하므로 투자하기 전에 조건을 이해하는 것이 중요하다. 우리가 분석한 '자동 조기 상환 가능 우발 수익 채권'은 3년 후에 만기가 되면 유동성이 생긴다. 또한 4개 항공사 주식 모두 채권이 발행됐을 때의 초기 가격과 같거나 더 높은 가격으로 매도되면 6개월의 유예 기간 후 분기별로 조기 상환할 수 있다.

그렇다면 일일 유동성이 없는 수단에 투자하는 이유는 뭘까? 공개적으로 거래되는 상장 주식보다 기대 수익률이 높거나 이를 정당화하는 다른 조건이 있기 때문이다. 비유동성 프리미엄은 비유동성 자산 투자에 대한 추가 수익이다. 민간 투자가 유사한 상상 주식보다 기대 수익이 더 높을 것으로 예상된다면 어떻게 그럴 수 있는지를 질문해야 한다.

예를 들어 주식 부동산 투자 신탁은 오피스 빌딩, 아파트, 창고, 호텔 등 상업용 부동산을 보유한 증권과 쇼핑몰 같은 소매점의 주식을 소유하고 있다. 대부분의 리츠는 일일 유동성과 함께 공개적으로 거래된다. 부동산 크라우드 펀딩 플랫폼에서도 민간 리츠를 이용할 수 있다. 민간 리츠의 스폰서들은 공공 주식 리츠 시장보다 더 높은 수익을 창출할 거라고 예측했다. 스폰서들은 상업용 부동산을 매력적인 가격에 살 수 있기 때문에 더 높은 수익을 올릴 수 있다고 제안한다.

수익률을 올리려면
유동성을 포기해야 한다

하지만 이러한 플랫폼들은 공공 리츠나 다른 기관 투자자들과 경쟁한다. 민간 리츠와 민간 부동산 펀드가 공공 리츠 시장을 능가할 수 있는 가장 큰 이유는 민간 리츠와 펀드가 더 많은 레버리지를 배치하기 때문이다. 리츠 연구 기관인 나릿^{Nareit}은 평균 상장 리츠가 자산의 시장 가치를 기준으로 보유한 자산 1달러당 35센트의 부채가 있다고 보고한다. 이에 비해 민간 리츠는 자산 1달러당 50~80센트의 부채를 갖고 있다.

모든 일이 순조롭게 진행된다면 개인 부동산 투자자들의 수익률이 높아진다. 이는 주식 투자자들의 1달러씩을 더 많은 소득 창출 자산을 사는 데 활용할 수 있기 때문이다. 임대료와 부동산 가치가 하락하면 부채 상환이 더 어려워지고 잠재적으로 리츠 투자자들의 채무 불이행과 손실로 이어질 수 있다. 따라서 부채 잔액이 더 높을수록 더 위험하다.

잠재적으로 더 높은 민간 투자 수익률에 접근하기 위해서 투자자들은 일일 유동성을 포기해야 한다. 예를 들어 한 크라우드 펀딩 플랫폼은 투자자가 개인 리츠 지분을 분기별로 상환할 수 있게 한다. 투자 초기에는 2~3%의 상환 수수료가 있어 투자금을 회수할 수 있다. 그 상환 수수료는 비유동성 투자의 유동성을 얻기 위한 비용이다. 매니저는 또한 분기별 상환 금액을 제안하고 어떠한 지분도 상환하지 않을 권리를 가진다.

비용, 구조, 가격을 따져라

지불하는 비용만큼의
가치가 있는가?

투자 수단에 대한 수수료는 극적으로 달라질 수 있다. 주식이나 채권 등 개별 증권은 기본 수수료만 있고 일부 투자 앱은 수수료를 부과하지 않는다. 뮤추얼 펀드, ETF 같은 집합 투자 펀드는 자문가에게 돌아가는 관리 수수료와 기타 비용으로 펀드를 운용한다. 모든 집합 투자 펀드에 수수료가 부과되지는 않는다. 피델리티 인베스트먼트는 지출 비율이 0인 인덱스 뮤추얼 펀드를 제공한다. 수수료 없이 상품을 제공하는 이들은 추가 수수료를 기반으로 한 서비스나 다른 방식으로 돈을 번다.

민간 투자는 경쟁이 덜하고 투자 전략이 복잡해지는 경향이 있어서 보통 공공 투자보다 비용이 더 많이 든다. 일부 민간 투자 수단에 대한 연 관리 수수료는 자산의 2% 또는 그 이상이 될 수 있으며, 수익의 20%에 해당하는 인센티브 수수료를 포함할 수 있다. 투자 수단에 드는 비용은 잠재적 수익률을 감소시키므로 그 비용이 가치 있는지 따져 봐야 한다. 이는 8장에서 더욱 심도 있게 탐구할 것이다.

투자의 구조는
알고 시작하자

구조는 투자 수단이 어떻게 구성됐는지를 반영한다. 일일 유동성이 있고 공개적으로 거래되는가? 수년간 유동성이 없을 수 있는 민간 투자인가? 다수의 투자자가 기초 주식을 소유한 집합 투자 펀드인가? 고문이 당신의 계정에 개별 증권을 선택하는 별도의 관리 계정으로 구성됐는가?

집합 투자 펀드는 일반적으로 별도로 관리되는 계정에 비해 수수료가 낮고 계좌 최소액이 낮지만, 세무상 손실과 이익을 인식하는 측면에서 투자자의 통제력이 떨어진다. 게으른 투자자라면 연말에 뮤추얼 펀드에서 새 주식을 매입한 다음 양도 차익에 참여하지 않았음에도 12월에 대규모 자본 이익 배당을 할 때 붙는 세금 때문에 깜짝 놀랄 수도 있다. 게다가 이런 이익은 다른 투자자들이 펀드를 빠져나와서 생긴 것일 수도 있다. 따라서 상환을 충족하기 위해 매니저가 증권을 팔도록 강요할 수도 있다. 즉 다른 투자자들의 행동이 집합 투자 펀드의 모든 투자자에게 추가 비용을 초래할 수 있는 것이다.

그럼에도 대부분의 개인과 기관이 집합 투자 펀드를 이용한다. 옵션이 많고, 일일 유동성이 있으며, 전체 비용이 적게 들기 때문이다.

투자 수단에는 투자의 구조, 조건 및 기타 특성을 설명하는 문서가 있다. 공개적으로 거래되는 투자에는 투자 설명서가 있는 반면 민간 투자자에게는 제안서가 있다. 투자자는 새로운 투자를 시작하기 전에 이런 서류를 검토해야 한다. 이 문서들은 "알고 투자하는가?"라는 질문에 답할 수 있는 최적의 출처다.

가격이
가치만큼 매겨졌는가?

투자 수단을 평가할 때 고려해야 할 마지막 속성은 '그 가격이 어떻게 결정됐고 투자 가치와 동일한지'의 여부다. 주식처럼 일부 투자 가격은 투자자들이 2차 시장에서 주식을 사고팔 때 결정된다. 채권 같은 다른 투자의 가격은 딜러가 설정한다. 무제한적으로 펀드를 매입할 수 있는 개방형 뮤추얼 펀드 같은 투자는 펀드가 보유한 기초 자산 가치를 기준으로 투자 스폰서가 결정한다.

투자 가격이 항상 그 가치를 반영하는 것은 아니다. 이전 장에서 논의했듯이 투자의 현재 가치는 배당금이나 이자와 같은 미래 소득 흐름에 대한 현재 달러 가격이다. 미래 소득 흐름에 대해 불확실성이 있을 수 있기 때문에 투자자는 가격이 늘 내재 가치와 동일하다고 확신하지는 않는다.

그러나 투자 수단에는 이론적 가치를 뛰어넘는 가격과 가치도 있다. 투자 수단의 가격이 개별 가격에 반영된 기본 보유 자산의 가치와 같지 않은 경우가 있는데, 투자 수단이 주당 100달러로 책정되더라도 실제 가치는 주당 110달러가 될 수 있다. 이것은 그 수단이 기본 보유 지분 가치에 10% 할인된 가격으로 판매되고 있음을 의미한다.

뮤추얼 펀드, ETF, 폐쇄형 펀드 등 집합 투자 펀드의 가치는 순자산 가치^{NAV}로 알려져 있다. 순자산 가치는 총 자산에서 부채를 뺀 다음 발행 주식 수로 나눈다. 개방형 뮤추얼 펀드 스폰서들은 매 거래일 말에 순자산 가치를 계산하고 그와 동일하게 주당 시장 가격을 설정한다. 즉, 펀드를 종료하거나 펀드에 진입하는 투자자들은 항상 기본 보유 자산의 순자산 가치와 시장 가격이 동일하다는 것을 의미한다.

개방형 뮤추얼 펀드는 신규 주식을 계속 발행하거나 환매함으로써 매수와 상환을 용이하게 한다. 발행 주식 수는 잠재 투자자들의 수요와 관련이 있고, 잠재적으로 펀드의 지분 수가 고정돼 있지는 않다. 이것이 바로 뮤추얼 펀드를 '개방형 뮤추얼 펀드'라고 부르는 이유다.

폐쇄형 펀드란
무엇인가?

폐쇄형 펀드는 무엇인가? 개방형 뮤추얼 펀드처럼 전문 매니저가 주식, 채권, 기타 유가 증권을 고르고 감독하는 집합 투자 펀드다. 개방형 뮤추얼 펀드와 다른 점은 일정 수의 주식을 가지며 이 주식은 기업 공개IPO에서 만들어진다. 그 후 펀드 매니저는 안내서에 설명한 전략으로 해당 자본을 투자한다. IPO 이후 펀드 거래를 원한다면 증권 거래소에서 2차 시장 주식을 매수해야 한다.

폐쇄형 펀드의 가격은 2차 시장에서 일정 수의 주식을 거래하는 투자자에 의해 결정된다. 따라서 가격이 종종 순자산 가치와 일치하지 않는 경우가 많다. 폐쇄형 펀드는 일반적으로 순자산 가치에 대한 프리미엄 또는 할인된 가격으로 판매한다. 2018년 10월 미국의 모든 폐쇄형 펀드의 평균 할인율은 6.73%였다. 또한 25% 이상의 프리미엄으로 판매되기도 했고 한 개 이상은 50% 이상의 프리미엄으로 판매됐다. 기본 보유 지분 가치보다 주당 50% 이상 더 비싼 폐쇄형 펀드를 사들이는 것은 경제적으로 이치에 맞지 않다. 하지만 그럼에도 프리미엄은 계속 유지된다.

미국의 모든 폐쇄형 펀드의 총 가치는 2,750억 달러다. 이는 뮤추얼 펀드의 18조 7,000억 달러, ETF의 3조 4,000억 달러에 비하면 작다. 폐쇄형 펀드는 뮤추얼 펀드나 ETF에 비해 수수료가 훨씬 높고 대부분 수익률을 높이기 위해 레버리지를 사용한다. 또한 폐쇄형 펀드의 투자자는 대부분 개인이다. 즉, 폐쇄형 펀드를 사고팔 때 통상 거래의 반대편에 있는 대상은 개인 투자자라는 뜻이다. 폐쇄형 펀드는 거래소에서 거래되고 주로 개인이 소유한 레버리지를 사용하므로 개방형 뮤추얼 펀드보다 훨씬 변동성이 크다.

개인 투자자의
심리를 파악하라

시장의 혼란기에 개인 투자자들이 보유 주식을 투매해 버리면 폐쇄형 펀드 할인이 확대되는 경향이 있다. 과거 평균보다 훨씬 할인된 가격으로 폐쇄형 채권 펀드를 매수하는 것은 할인율이 축소되기를 기다리는 동안 이사 수익을 챙길 수 있기 때문에 매력적인 투자가 될 수 있다. 그런 이유로 나는 폐쇄형 펀드를 거래하는 것이 외환이나 상품 거래보다 더 매력적인 전략이라고 생각한다.

폐쇄형 펀드는 기관이나 알고리즘과 경쟁하는 것이 아니라 다른 개인 투자자와 경쟁하는 것이다. 대부분의 폐쇄형 펀드는 소득 흐름 때문에 기대 수익이 플러스인

데, 이 말은 즉 외환 시장이나 상품 선물 시장처럼 패자 뒤에 승자가 있는 제로섬 게임이 아니라는 뜻이다. 물론 폐쇄형 펀드의 투자자들은 하락장에서 손실을 확대할 수 있는 훨씬 더 높은 비용과 레버리지를 인식할 필요가 있다.

ETF란
무엇인가?

ETF^{Exchange Traded Fund}는 대형주, 채권 또는 리츠 같은 자본 시장의 특정 지수나 섹터를 추종하는 시장성 있는 증권이다. 대부분은 미국 대형주 중심의 S&P 500 지수나 미국 스몰캡 중심의 러셀 2000 지수 등 패시브 벤치마크를 따른다. 1993년 첫 ETF가 도입되기 전에는 시장의 특정 섹터 지수에 맞춰 수동적으로 투자하는 것은 인덱스 뮤추얼 펀드로 제한됐다. ETF는 발행 주식 수에 제한이 없다는 점에서 개방형 뮤추얼 펀드와 유사하다. 하지만 ETF는 폐쇄형 펀드와 같은 방식으로 하루 종일 거래소에서 거래된다.

ETF는 새로운 주식을 발행하는 방식이 독특하다. 개방형 뮤추얼 펀드의 스폰서는 당일 주문을 기준으로 거래일이 끝날 때 주식을 발행하거나 상환한다. ETF 스폰서는 대규모 기관 투자 및 금융 회사들과 긴밀하게 협력한다. 또한 거래일은 물론 마감일까지 주식을 발행하고 상환한다. 참가자의 예로는 JP모건, 골드만삭스, 씨티 그룹, 모건스탠리 등이 있다. ETF 스폰서는 펀드 자산 구성 현황인 바스켓^{Creation Basket}을 시장에 매일 공개해야 한다. 이는 보유한 지수의 구성 종목과 가중치에 따른 것이다.

새로운 주식은 스폰서가 바스켓과 근접한 증권을 교환하기 위해 ETF 주식을 지정 판매 회사에 넘길 때 발행된다. 마찬가지로 ETF 스폰서가 구성하는 증권 바스켓을 지정 판매 회사가 보유한 ETF 주식으로 교환할 때 ETF 주식은 상환된다. 이처럼 새로 발행되고 상환된 ETF 주식을 생성 단위^{Creation Units}라고 하며, 일반적으로 2만 5,000주에서 25만 주에 이른다.

ETF 신주를
거래하는 방식

이렇게 지정 판매 회사와 ETF 스폰서 간의 현물 거래는 거래 종료 시점에 ETF 가격을 순자산 가치와 맞추는 데 도움이 된다. 거래일 동안 스폰서는 15~60초마다 순자산 가치를 공시한다. ETF의 순자산 가치와 가격 차이가 있으면 기관 투자자들이 ETF를 매수하거나 공매도하는 동시에, ETF가 지정한 바스켓을 구성하는 기초 증권을 매수하거나 공매도하여 본질적으로 무위험 수익을 얻는다.

공매도는 다른 투자자에게 빌린 투자 증권을 판매하는 투자 기법이다. 투자 담보 가격이 하락하면 투자자들은 차입한 주식을 매도한 가격보다 더 낮은 가격으로 원소유주에게 돌려주기 위해 투자 담보를 다시 사들여 쇼트 포지션을 청산할 때 수익을 낸다.

예를 들어 ETF가 공개 시장에서 주당 50달러에 판매되나 순자산 가치는 55달러라고 가정해 보자. 지정 판매 회사는 공개 시장에서 ETF 주식을 50달러에 매입하여 스폰서와 주당 55달러 상당의 신주 증권으로 교환할 수 있다. 현물로 받은 증권은 공개 시장에서 매각될 수 있으며, 지정 판매 회사는 주당 5달러의 이익을 얻는다. 매우 짧은 시간 내에 무위험 이익을 확보하기 위해 ETF를 매수하려는 시장 수요는 순자산 가치에 맞춰 ETF 가격을 55달러로 인상할 것이다.

반대로 ETF가 55달러에 매도되고 순자산 가치가 50달러라면, 지정 판매 회사는 주식을 빌려 각각 55달러에 팔아 ETF를 공매도할 수 있다. 동시에 지정 판매 회사는 주당 50달러 상당의 신주 증권을 사서 스폰서와 새로운 주식을 교환하고, 새로 발행된 ETF 주식을 원래 ETF 주식이 차용되던 계좌로 반환하여 쇼트 포지션을 청산한다. 이는 지정 판매 회사가 차용한 ETF 주식을 공개 시장에서 각각 55달러에 팔았기 때문에 주당 5달러의 이익을 확보할 수 있지만 매도 포지션을 청산하기 위해 ETF 스폰서로부터 새로운 ETF 주식을 얻는 데는 각각 50달러밖에 들지 않는다.

다시 말해, 단기간 내에 ETF 가격이 주당 50달러까지 떨어질 위험이 없는 이익을 확보하려는 지정 판매 회사들은 ETF를 충분히 판매할 수 있을 것이다.

대폭락과
ETF 위험에 대비하라

ETF가 급격히 성장하자 투자자는 매우 저렴한 비용으로 다양한 자산 유형에 접근할 수 있게 됐다. 하지만 이런 편리함에는 리스크도 함께 따른다. 연구에 따르면 ETF의 성장은 ETF가 따르는 지수, ETF가 소유한 기초 증권의 변동성을 증가시켰다. 변동성은 대부분 ETF 가격과 순자산 가치 사이의 가격 불일치로 이익을 얻으려는 지정 판매 회사들의 거래 때문이다. S&P가 발표한 논문에는 이런 거래가 증가한 이유를 다음과 같이 썼다.

> 증권으로부터 유동성을 소비하고, 이용할 수 있는 유동성보다 소비가 많을 때 가격이 펀더멘털이 지지하는 수준에서 벗어날 수 있다.

즉, 거래가 점점 많아지면서 유가 증권의 내재 가치에 대한 근본적인 관점을 가진 투자자의 거래 활동보다는, 패시브 ETF 가격을 기초 자산과 일치시키려는 시도 때문에 주가가 내재 가치에서 더 멀어질 경우 잠재적인 가격 영향이 있다.

대폭락의
역사

시장 조사 업체와 지정 판매 회사는 ETF 시장이 원활하게 기능하도록 적절한 시기에 가격 정보를 알고 거래할 능력이 필요하다. 시장이 혼란스럽고 변동성이 높은 기간 동안 유동성이 고갈돼 ETF를 포함한 일부 증권의 가격이 지정된 가격대를 벗어나면 가격 격차가 심해지고 거래가 정지될 수 있다. 거래 정지로 정확한 주가를 알 수 없다면 지정 판매 회사가 철수함에 따라 ETF 가격 결정 메커니즘은 무너지고 이는 심각한 가격 이탈로 이어질 수 있다.

이런 대폭락Flash Crash이 2015년 8월 24일에 일어났다. 복잡 적응계의 특징인 시장 눈사태의 한 예다. 복잡 적응계는 시간이 지나면서 적응하고 학습하는 다양한 입력 및 요인으로 구성된 점을 기억하자. 시스템이 발전하면서 복잡한 상호작용으로 예상치 못한 결과가 발생할 수 있다.

2015년 8월, 글로벌 증시는 미국 시장이 열리기 전 이미 3~5% 하락했고, 미국 시장이 열렸을 때 시장 가격으로 매도되는 주문량이 급증했다. 뉴욕 증권 거래소는 이날 오전 시장 주문량이 평소보다 4배 이상 많았다고 밝혔다. 오전 9시 40분까지 뉴욕 증권 거래소의 증권 절반이 제한 상한–제한 하한$^{Limit\ up–Limit\ down\ Rules}$으로 거래를 정지당했다. 2010년 5월 6일 대폭락 이후, 단기 가격 변동으로 개별 주식과 ETF의 거래 정지가 시행됐다. 이 과정에서 많은 주식과 ETF가 50% 이상 급락했다가 약 36분 동안 반등했다.

1,300개 이상의 유가 증권의 개별 거래가 중단되자 지정 판매 회사들은 ETF 가격을 순자산 가치로 유지하는 정상적인 거래 활동을 할 수 없게 됐다. 그 결과 일부 ETF는 20% 이상 하락했고 그것들이 따른 지수는 약 5% 하락하는 등 상당한 가격 불일치가 나타났다. 동일한 지수를 추종하는 ETF끼리도 상당한 가격 불일치가 나타났다. 이런 가격 차이 때문에 ETF 주식을 판매하려는 투자자들의 예상보다 훨씬 낮은 가격으로, 그리고 그날 늦게 ETF가 트레이딩한 가격보다도 훨씬 낮은 가격으로 거래됐다.

알고리즘을 이용한 초단타 매매^{HFT}가 늘어난 것은 향후 더 심각한 폭락으로 이어질 수 있다. 골드만삭스의 수석 경제학자인 찰스 힘멜버그$^{Charles\ Himmelberg}$는 고객들에게 보낸 쪽지에 이렇게 썼다.

출처를 알 수 없는 충격이 갑작스런 가격 하락을 야기할 때, 초단타 매매 트레이더들은 복잡한 매크로 시장이나 극적인 정책 발표 등의 뉴스 때문이라고 가정할 만한 이유가 있다. 이런 상황에서 이들은 보다 근본적인 정보를 알고 있는 트레이더들에 의해 불리한 선택을 받을 위험이 높다. 따라서 최적의 대응은 범위를 넓히거나 아예 철수해서 유동성을 회수하는 것이다.

이렇게 유동성이 부족하면 가격이 떨어지고 일부 유가 증권의 거래를 중단해야 하므로 ETF가 지정 판매 회사와 거래할 수 없게 된다. 그러고 나면 부정적인 피드백 고리Negative Feedback Loop가 뒤따를 수 있는데, 초단타 매매 트레이더들이 거래를 거부하면서 훨씬 더 많은 유동성을 회수하고, ETF와 그들이 따르는 기초 지수들 사이의 가격 혼란, 늘어나는 거래 중단, 그리고 가격 이탈로 이어질 수 있다.

거래 시 자신을 보호하는
지정가 주문

ETF는 쉽고 간단해 보이지만 이면에는 많은 복잡성이 숨어 있다. 포트폴리오 매니저의 책임 중 하나는 거래를 시작할 때 최고의 가격을 받게 하는 것이다. 폐쇄형 펀드를 포함해서 거래되는 ETF나 기타 유가 증권을 거래할 때 일반적인 시장 가격대로 주문해서는 절대 안 된다. 시장은 빠르게 움직이므로 주문 당시 컴퓨터 화면에 표시된 것과 매우 달라질 수 있다. 그래서 당신이 거래할 의향이 있는 가격을 명시해야 한다. 이것을 '지정가 주문'이라고 한다.

보통 우리가 지정하는 가격은 매도 호가, 매수 호가 사이여야 한다. 매도 호가는 매도시 제안되는 가격이고, 매수 호가는 매수시 제안되는 가격이다. 시장 환경이 정상적이라면 거래는 지정된 제한 가격으로 실행돼야 한다. 만약 어떤 이유로든 주식 시장의 대폭락이 일어났을 때, 우리가 원치 않는 가격으로 거래하지 않도록 지정가 주문을 사용해야 한다.

지금까지 ETF와 관련된 대폭락은 와닿지 않은 이야기였다. 가격 불일치는 몇 시간 내에 해결됐기 때문에 장기 ETF 보유자에게 큰 피해를 끼치지 않았다. 나는 여전히 개인 포트폴리오에 ETF를 보유하고 있지만 시장이 어떻게 발전되는지 계속 지켜보며 리스크를 관리할 것이다. 포트폴리오 매니저로서, 투자마다 크게 달라지는 수수료, 유동성 조항에 특히 주의를 기울이며 투자 수단 설명서나 모집 요강을 연구해야 할 것이다.

•_ 6장 요약

□ 투자 수단은 특정 투자 전략을 수용하는 도구, 금융 상품, 또는 능력을 말한다. 투자 수단의 예로는 개별 주식, 채권, 리츠, ETF 및 뮤추얼 펀드 등이 있다.

□ 투자 수단의 속성에는 예상 수익률, 잠재적 최대 하락으로 측정되는 리스크, 유동성, 비용, 구조 및 가격이 포함된다.

□ 개방형 뮤추얼 펀드, 폐쇄형 펀드, ETF는 일일 유동성이 있는 투자 수단이다. ETF와 개방형 뮤추얼 펀드는 발행 주식 수에 제한이 없고, 폐쇄형 펀드는 주식 수가 정해져 있다.

□ ETF 및 폐쇄형 펀드의 가격은 2차 시장에서 주식을 거래할 때 투자자가 결정한다. 폐쇄형 펀드의 가격은 순자산 가치와 크게 다를 수 있다. ETF는 정상적인 시장 환경에서 가격을 순자산 가치와 일치시키며 유지하는 주식을 발행하고 상환하는 현물 이동 메커니즘을 갖고 있다.

□ 주식 시장의 대폭락처럼 드물지만 ETF의 가격을 결정하는 메커니즘이 붕괴된다면 ETF 사이의 기본 보유 지분 가치, 추종하려는 지수 간에 심각한 가격 차이가 발생한다.

□ 지정가 주문를 이용하면 ETF 및 기타 유가 증권을 거래할 때 최적의 가격을 보장할 수 있다.

7
질문

어떻게 최고의 수익을
만들 것인가?

모든 투자에는 소득, 현금 흐름 증가, 레버리지 및 성과를 결정하는 기타 속성 등 수익률을 결정하는 핵심 요인이 있다. 성공적인 포트폴리오에는 신뢰할 수 있는 수익률 결정 요인들의 다양한 조합이 있다는 것을 기억하자.

돈 벌 확률을 높이는
요인을 파악하라

4장에서 전 연방 준비 제도 이사회 의장의 멘토들이 그에게 "비행기를 놓치지 않는 방법은 공항에서 많은 시간을 보내는 것"이라고 말한 것을 기억하는가? 우리는 여행을 망치지 않기 위해 공항에 일찍 도착한다. 나는 공항으로 가던 중 길을 잃고 비행기를 놓친 적이 있다. 내가 신시내티에서 투자 고문으로 일할 당시에 신시내티 노던 켄터키 국제공항은 당시 항공료가 비싸기로 악명 높은 곳이었다. 그래서 나는 종종 신시내티 공항에 차를 주차하고 편도 렌터카를 픽업해서 켄터키주 렉싱턴 공항까지 운전한 다음 비행기를 탔고, 돌아올 땐 신시내티로 도착하곤 했다. 말도 안 되는 일정으로 보이지만 덕분에 나는 최대 600달러를 아낄 수 있었다.

렉싱턴 공항은 시골길을 따라 도시의 서쪽에 위치했다. 나는 신시내티와 렉싱턴을 연결하는 고속도로 대신 지름길을 택했다. 당시에는 휴대폰에 지도 앱이 깔리기 전이었고 렌터카에 GPS 장치나 지도도 없었다. 가진 거라곤 정확하지 않은 기억과 감각뿐이었다. 나는 말들이 목축된 농장 옆길을 운전했다. 종종 막다른 곳이 나왔고, 갈랫길이 나오면 왼쪽 또는 오른쪽을 선택해야 했다. 30분 후 나는 길을 잃었음을 확신했다. 날이 흐려서 태양의 위치로 방향을 잡을 수도 없었고 그저 항공 교통 관제탑이나 고속도로가 나오기를 바라며 계속 운전했다. 45분 후 비행기 탑승 시간이 다가오자 나는 당황하기 시작했다. 마침내 공항을 찾았지만 그땐 이미 비행기를 놓친 후였다. 나는 고객에게 전화를 걸어 저녁 약속을 취소해야겠다고 알렸다.

판단의 기준은 결과가 아니라
과정이어야 한다

이 책의 도입부에서 나는 전 프로 포커 선수인 애니 듀크의 말을 인용했다.

> 어떤 의사 결정이 훌륭한지 아닌지 판단하는 기준은 훌륭한 결과가 아니다. 훌륭한 의사 결정은 건전한 사고 과정의 결과물이다.

비행기를 놓친 것은 나쁜 결과다. 공항으로 가는 도중 길을 잃어서 비행기를 놓친 것은 잘못된 과정의 결과다. 투자자로서 포트폴리오 성과를 좌우할 수는 없지만 좋은 과정을 골라 투자 수익을 올릴 확률을 높일 수는 있다. 이 책이 던지는 10가지 질문도 도움이 될 수 있다. 투자하기 전에 질문에 대답하는 것은 부적절한 투자를 거르는 데 도움이 되는 '과정'이다.

일곱 번째 질문인 "어떻게 최고의 수익을 만들 것인가?"는 무엇이 유리한 투자 성과를 이끌어 내는지를 아주 명확하게 설명한다. 긍정적인 수익을 얻을 수 있는지 아닌지를 알 수는 없지만 적어도 투자가 성공하려면 어떻게 해야 하는지 이해할 수 있다. 예를 들어 우리는 이자, 배당금, 임대료 형태로 수익을 창출하는 투자는 그렇지 않은 투자보다 긍정적인 수익을 올릴 가능성이 더 높다는 것을 알고 있다.

올바른 방향으로
가고 있는지 판단하라

나는 또 한번 잘못된 경로로 길을 잃은 적이 있다. 내가 탄 우버 운전사는 지도가 있음에도 불구하고 브루클린에 있는 에어비앤비로 가던 중 길을 잃었다. 운전사의 지도 앱은 아파트까지 가는 길을 단계별로 안내했지만 그는 지시를 따를 인내심이 없었다. 차가 막히면 좌절하고 방향을 틀었다. 그는 목적지를 향해 갈 것 같지 않았다. 그때마다 앱은 그를 아파트로 가는 가장 빠른 길을 새롭게 안내했다.

운전자에게는 세 가지 문제가 있다. 첫째, 그는 자신이 어디에 있는지 전혀 알지 못했다. 그는 앱에 전적으로 의존하며 다음에 어디로 가야 하는지를 파악했다. 둘째, 우리는 위치를 더 넓게 보기 위해 앱을 축소할 수 없었다. 그가 방향을 돌린 곳이 아파트 쪽인지, 아니면 다른 곳을 향하는지 전혀 알지 못했다. 셋째, 그는 영어를 거의 사용하지 않았기 때문에 나의 설명을 알아듣지 못했다.

우리는 약 25분 동안 빙글빙글 돌다가 브루클린 하이츠의 278번 고속도로의 교통 체증 한가운데에 빠지고 말았다. 그때부터는 그냥 교통의 흐름에 따랐다. 그제야 운전자는 앱에 대한 의심을 버리고 아파트에 도착할 수 있었다.

투자에는 성공적인 결과를 보장할 수 있는 단계별 지침이 없다. 그 대신 우리는 올바른 방향으로 가고 있는지 여부를 알 수 있는 경험 법칙이 있다. 이런 경험 법칙은 우리가 기대 수익, 리스크, 수익률 결정 요인과 관련한 다양한 투자 기회를 판단할 때 더 넓은 시야를 확보하게 해 준다. 수익률을 결정하는 요인은 성과를 결정하는 투자의 속성이다. 이런 형태의 탐색을 웨이파인딩Wayfinding이라고 한다. 만약 우리가 길을 찾는 중이라는 사실을 잊고 결과가 확실하다고 믿는다면 그 투자는 곤경에 처할 것이다.

투자 성공 법칙을 알면
투기도 괜찮다

미국의 탐험가 루이스Lewis와 클라크Clark는 길을 찾는 사람들이었다. 그들은 태평양으로 가는 가장 쉬운 길을 찾기 위해 미국 서부를 탐험했다. 지도는 없었지만 나침반, 경도를 계산하는 크로노미터, 그리고 《전자 기상학과 해상 천문에 대한 실용적 추론A Practical Interference to Spherics and Nautical Summitics》이라는 책을 갖고 있었다. 이 도구들은 그들이 올바른 방향으로 나아가는 데 도움을 줬다. 루이스와 클라크는 보트, 노, 캠핑 용품, 옷, 의약품, 군비를 포함한 탐험 장비에 총 2,324달러를 지출했다. 또한 4,600개의 바느질 바늘, 담배 130롤, 칼 288개, 놋쇠 골무 288개, 작은 가위 144개, 색구슬 11킬로그램 등 미국 원주민들에게 줄 선물을 챙겼다.

당신도 길을 찾을 땐 예상치 못한 일에 대비해야 한다. 20세기 초 영국의 철학자

이자 논리학자인 카베스 리드^{Carveth Read}는 길잡이들의 모토가 될 말을 공유했다.

"정확히 틀린 것보다는 막연하게 옳은 것이 낫다."

일곱 번째 질문은 투자를 성공하기 위해서 '모호하게 옳은 것'과 '정확하게 옳은 것' 중 어떤 것이 더 중요한지를 구별하게 해 준다. 만약 정확히 옳아야 성공하는 투자라면 조금만 틀려도 돈을 잃을 것이다.

투자의 길을
찾는 방법

우리는 이미 이익을 창출하기 위해 정확하게 옳아야 하는 투자 사례를 탐색했다. 외화, 상품 선물 및 바이너리 옵션이 포함된다. 이것은 모두 승자와 패자가 있는 '제로섬 게임'이다. 그들은 종종 우리에게 다른 투자자들보다 더 앞서도록 요구한다. 원칙적으로 투기는 우리가 미래를 정확하게 알 것을 요구한다. 미래의 투자자들이 금, 예술품, 또는 가상 화폐 같은 비소득 생산 자산에 더 많은 돈을 지불할 의사가 있는 경우에만 수익을 얻기 때문이다.

소득을 창출하는 투자는 가격 상승과는 별개로 두 번째 수익률 결정 요인이 있다. 투자자가 소득 흐름에 더 적게 지불하기로 선택했다면 수익을 창출하는 자산의 가격은 떨어질 수 있지만, 투자자는 가격 하락을 상쇄할 만큼 충분한 이자나 배당금을 창출했기 때문에 여전히 긍정적인 수익을 얻을 수 있다.

만약 순자산에서 투기가 차지하는 비중이 작다면 무조건 부적절한 것은 아니다. 나와 아내는 가치가 올라갈 수도 있고 아닐 수도 있는 앤티크 가구를 몇 점 갖고 있다. 나는 이 가구의 값이 떨어지더라도 지금까지 사용하면서 많은 즐거움을 얻었기 때문에 괜찮다. 또한 나는 금 투기도 하고 있다. 금은 수천 년 동안 존재해 왔고 인플레이션 헷지로 사용할 수 있다. 장기적으로 가격은 인플레이션 이상으로 상승했지만 매년 그렇지는 않다. 금은 투기자들이 더 많은 돈을 기꺼이 지불할 의사가 있을 경우에만 가격이 상승한다. 따라서 장기간에 걸쳐 인플레이션을 지연시킬 수 있다.

나는 금이 미래에는 상승할 것이라고 믿지만, 금 배분이 베팅이라는 것도 잘 알고 있다. 왜냐하면 수익을 내기 위해서는 '정확히 옳아야' 하기 때문이다. 나는 내 판단이 틀렸을 수도 있다고 가정하며 손실이 나더라도 내 생활에 큰 피해를 미치지 않을 만큼만 사들였다. 기억하라. 투자가 무서운 이유는 단순히 손실이 나서가 아니라 그 손실로 인한 개인적인 피해가 막심할 때 온다는 것을 말이다.

정말 시장 가격이
잘못된 걸까?

앞에서 논의한 것처럼 투자 수익률은 대부분 세 가지 요인으로 결정된다.

1. 현금 흐름: 자산 소유자에게 분배되는 이자, 배당 또는 임대 수익.

2. 현금 흐름 증가: 소득이나 현금 흐름이 시간이 지나면서 증가하는 방식.

3. 가치 평가의 변화: 투자자가 현재와 미래의 소득 흐름에 기꺼이 지불할 금액.

이 세 가지 요인은 투자가 왜 투기와 다르게 긍정적인 기대 수익을 갖고 있는지를 설명한다. 수익을 얻는 가장 간단한 방법은 인덱스 뮤추얼 펀드나 ETF를 사는 것이다. 패시브 투자를 선택하면 특정 기초 자산의 내재 가치가 시장 가격과 같다는 점에서 가격 책정이 정확한지 걱정할 필요가 없다. 현재 가치라고도 하는 내재 가치는 배당금, 이자 같은 투자의 미래 소득 흐름에 대한 현재 달러 가격이라는 것을 명심하자.

인덱스 펀드나 패시브 ETF 대신 시장 가격이 내재 가치보다 낮은 증권을 파악하는 것도 좋다. 이는 우리가 더 이상 전체 시장에서 수익만 거두는 게 아니기 때문에 성공적인 투자를 위한 또 다른 복잡성을 더해 준다. 대신 시장 가격이 잘못됐고 투자자들의 예측이 부정확하다고 생각하는 주식을 골라서 초과 수익률을 얻고자 하는 것이다. 오크트리 캐피탈 회장인 하워드 막스Howard Marks는 《하워드 막스 투자와 마켓 사이클의 법칙》에서 이렇게 썼다.

특정 자산을 따르는 모든 투자자는 내재 가치에 대한 의견이 있어야 한다. 자산의 시장 가격은 그러한 의견의 컨센서스를 반영하며, 투자자들이 단체로 가격을 설정했음을 의미한다. 즉, 구매자와 판매자가 거래에 동의한 것이다. 매수자는 현재 가격이 현명한 투자라고 생각하기 때문에 구입한다. 매도자는 가격이 이미 충분히 반영됐거나 너무 비싸다고 생각하기 때문에 판다.

개별 주식을 사는 이유는
시장이 틀렸기 때문이다

주가가 항상 내재 가치를 반영하는 것은 아니다. 그렇다면 우리가 가격을 잘못 책정한 증권을 구분할 수 있을까? 우리가 다른 투자자들보다 똑똑한가? 많은 투자자가 시장을 이기지 못한다. 일부만이 성공한다. 성공적인 초과 수익을 거두기 위해서는 정확하고 한 치의 오차도 없이 옳아야 한다.

내 팟캐스트 청취자인 안드레아는 나에게 이런 사연을 보냈다.

당신은 '개별 주식을 사야 할 유일한 이유는 시장이 틀렸다고 믿는 경우'라고 말한 적이 있다. 정말 그렇게 생각하는가? 개별 주식을 사야 할 이유는 많다. 세금 문제를 통제하고, 내가 좋아하는 상품과 회사를 키우고, 뮤추얼 펀드나 ETF에서는 찾을 수 없는 배당금을 갖거나 수수료 없이 투자할 수 있고, 편하게 쓸 수 있는 여윳돈을 얻거나 그냥 갖고 놀기 위해서 등등을 생각할 수 있다.

마지막에 개별 주식을 사서 놀아도 즐겁다는 말에는 동의하지만 개별 주식에 투자하는 이유는 결국 시장이 틀렸다고 믿기 때문 아닐까? 그것이 '유일한 이유'는 아니라는 것이 밝혀졌다. 하지만 '가장 중요한 이유'다.

처음엔 안드레아에게 '정말 그렇게 생각한다'고 대답했다. 개별 주식을 매입하는 이유는 가격이 잘못 책정됐기 때문이다. 내가 뉴욕에 있을 때 가끔 방문하는 헤어 스타일리스트는 개별 주식을 사고 싶어 했다. 나는 그에게 개별 주식을 사야 할 유일한 이유는 회사의 전망에 대한 시장 컨센서스가 잘못된 경우라고 말했다. 그는 동의하지 않았지만 워런 버핏이 애플의 주식을 소유하고 있다고 언급하면서 애플의 주가가 저평가됐다고 느낀 이유를 강력하게 주장했다. 그러나 정의에 따라, 회사가 저평가됐다면 현재의 가격은 잘못된 것이다.

스타일리스트는 이 문제에 올바른 방향으로 접근하고 있다. 그는 애플을 분석했고, 투자자들이 애플의 지속성과 수익 성장 잠재력을 과소평가한다고 믿었다. 회사의 주가는 현재 가치 또는 미래 이익의 함수인 '미래 배당금의 현재 가치'를 반영해야 한다. 만약 투자자들의 컨센서스보다 수익과 배당금이 더 높다면 회사의 주당 내재가치는 현재 가격보다 더 높을 것이다. 그것은 시장 가격이 잘못됐고 주식이 저평가됐음을 의미한다.

고평가된 주식,
저평가된 주식

어떤 주식은
너무 비싸다

나는 가격이 잘못 책정된 주식이 많다고 생각한다. 롭 아노트와 그의 동료들은 너무 비싼 주식의 몇 가지 예를 지적했다.

2000년 초, 미국에서 가장 큰 시가 총액을 차지하는 10대 기술주는 S&P 500 지수의 25%를 차지했는데, 이는 마이크로소프트, 시스코, 인텔, IBM, AOL, 오라클, 델, Sun, 퀄컴, HP 등이다. 이 주식들은 지나치게 낙관적인 시장의 기대를 충족시키지 못했다. 그 후 18년 동안 시장을 단 한 번도 이기지 못했다. 5개는 연간 평균 3.2%

의 수익률을 기록했으나 시장 수익률보다는 훨씬 낮았고, 2개는 완전히 실패했다. 마이너스 수익률을 기록한 5개의 평균 수익률은 연간 7.2%의 손실로 S&P 500보다 연간 12.6% 적었다.

이 종목들은 투자자들의 컨센서스가 너무 높은 수익 증가율을 가정했기 때문에 실적이 저조했다. 기업들은 실망했고 주가가 떨어지거나 전체 시장만큼 인정받지 못했다.

어떤 주식은
너무 싸다

어떤 주식들은 가격이 너무 싸게 책정됐다. 즉, 저평가됐다. 투자자들이 너무 비관적이어서 주식 가격이 내재 가치를 반영하지 못하는 등, 투자자 컨센서스가 잘못될 수 있다. 투자자들은 비관적인데 회사의 업사이드가 크면 투자자들은 집단적으로 그 주식을 더 높은 가격에 거래할 의향이 생긴다. 가격은 급등하고 종종 전체 시장을 능가하기도 한다. 투자자들이 너무 낙관적인데 회사가 하락세로 돌아서면 투자자들은 더 낮은 가격으로 거래할 의향이 생긴다. 그러면 가격은 하락한다.

주가는 매일 끊임없이 이어지는 놀라움과 투자자들이 스스로에게 들려주는 다양한 이야기에 반응한다. 시간이 지나면서 개별 주식에 영향을 미치는 긍정적 및 부정적 놀라움은 서로 상쇄되고 전체 주식 시장의 성과는 주로 배당 수익률과 배당금의 증가로 좌우된다. 그러나 동시에 전체 투자자는 수익과 배당금의 흐름에 더 많거나 적은 돈을 지불할 의사가 있으므로 시장의 전반적인 가치 평가는 바뀔 수 있다. 자산군은 과거 평균에 비해 더 저렴해지거나 더 비싸진다.

내 뉴스레터를 읽은 안드레아는 이렇게 답했다.

나는 주식이 시장에서 상당히 공정하게 평가되고 시장을 능가할 거라고 생각한다. 몇 년 전, 나는 큰돈을 들이지 않고 약 20개의 크리스마스 선물을 사려 했다. 쇼핑몰에 가 보니 파이브 빌로우라는 새로운 가게가 눈에 들어왔고 그곳에 있는 선물은 전부 거절할 수 없는 것들이었다. 집으로 돌아가 그 회사를 조사한 결과, 그곳은 부채도 없고 모든 제품이 5달러 이하였으며 전국적으로 확장 중인 새로운 회사였다. 재정 상태도 좋아 보여서 나는 그곳의 주식을 샀다. 나는 내가 산 시장 가격이 전혀 잘못됐다고 생각하지 않는다. 하지만 사업이 계속 번창하고 다른 사람들도 나만큼 그 회사를 좋아한다면 시장을 능가할 수 있다고 생각했다. 이건 도박이었다. 우선, 아마존이라는 경쟁자가 있다. 하지만 많은 사람이 아이의 생일 파티나 계획되지 않은 이벤트를 준비한다면 아마존 배송을 기다릴 시간이 없다. 당신 말대로라면 내가 주식을 샀을 때 시장이 잘못됐는데, 내가 옳다고 착각했다는 뜻인가?

나는 그가 주식을 구입했을 때의 시장 가격이 잘못됐다고 믿었다. 나는 주식의 이론적 또는 올바른 가격은 향후 수익에 기초한 '미래 배당금의 현재 가치' 또는 '현재의 달러 가치'라고 반복했다. 결국 주가는 앞으로의 사업이 잘될 것이고 많은 사람이 쇼핑할 것이라는 점을 이미 반영한 값이다. 이미 성장 가정이 책정된 것이다. 이를 능가하려면 주가에 반영된 주가 수익률을 기준으로 다른 투자자들이 이미 예상하고 있는 것보다 더 빠르게 수익을 늘려야 했다. 다시 말해, 깜짝 놀랄 만한 업사이드가 필요했다. 만약 회사가 수익 추정치를 놓쳤다면 닷컴 버블의 최고조에 있던 미국 10대 주식이 그 후 18년 동안 시장에서 저조했듯이 하락세에 놀라서 시장을 뒤흔들었을 것이다.

안드레아가 물러났다. 그리고 다음과 같이 썼다. "나는 주식 가격 결정에서 현재 가치, 성장 가정 등을 이해한다. 그러나 여전히 '오직'이라는 단어에 문제가 있다고 생각한다." 그는 자신이 매입한 주식의 두 가지 예와 이유를 공유했다. "2013년에 나는 방산 업체인 레이시온을 샀다. 왜냐하면 전쟁이나 분쟁이 발생할 경우 내 포트폴리오를 지키기 위해서다. 실질적으로 갈등이 없었으니 시장에서는 그런 가격을 책정했어야 하는 건가?" 그는 레이시온 주가가 미국이 2018년 시리아에 대한 미사일 공격을 개시한 이후 급등했다고 지적했는데, 이는 주식을 매입했던 2013년에는 알 수 없던 일이다. 그는 계속해서 이렇게 썼다.

2016년에는 제과업체 플라워스푸드를 매수했다. 이유는 배당금과, 가격이 오르면 재빨리 가격을 재조정할 수 있는 제품이라 인플레이션 방어가 가능하고 무슨 일이 있어도 사람들이 구입하는 주요 식품이기 때문에 경기 침체를 대비할 수 있기 때문이다. 이 주식은 지난주 시장이 폭락하던 날에 상승했기 때문에 매수 목적이 타당하다. 또한 당시 수익률이 0에 가까운 채권, 고정 소득의 대안으로 매수했다. 이 주식이 시장을 능가할 것이라 기대하지는 않지만 팔 생각은 없다.

그는 그 시점에 나를 알게 됐다. 그가 개별 주식을 매입한 것은 시장 가격이 잘못됐다고 생각해서가 아니라 예상치 못한 거시적 사건이나 정치적 사건으로부터 자신의 포트폴리오를 보호하기 위해서였다. 그는 특정 사건이 발생하면 해당 주식에 대한 투자자의 수요가 바뀔 것이라 예상했다. 예상치 못한 일들로부터 포트폴리오를 보호하는 것은 기대만큼의 성과를 거두지 못할 수 있는 베팅이지만 개별 주식을 매수하는 타당한 이유가 될 수 있다. 나는 개별 주식에 의존하는 것보다 수익률이 다른 여러 자산군을 보유해서 보이지 않는 사건들로부터 보호받는 것을 선호한다.

안드레아는 포트폴리오와 리스크 매니저 역할을 한 것이다. 그는 다른 경제 및 시장 상황에서 다르게 행동할 것이라고 판단되는 개별 주식을 포함한 여러 자산에 투자 자분을 할당했다. 그는 다양한 수익률 결정 요인들을 혼합해서 모든 투자 가격이 동시에 하락하지 않도록 조율했고, 이는 과도한 재정적 피해를 입지 않도록 했다.

배당 투자란
무엇인가?

세 가지 수익률 결정 요인에 따라 현금 흐름이 빠르게 증가하고, 가격은 저렴한 고소득 창출 투자를 사는 것은 어떨까? 불행히도 오늘날의 초연결 세계에서 세 가지 기준이 모두 일치하는 경우는 드물다. 배당률이 높은 주식은 상대적으로 배당금과 수익 증가율이 낮다. 이는 배당금이 없거나 적으면 수익의 더 많은 부분을 고성장 기회에 재투자할 수 있기 때문이다. 마찬가지로 고수익 성장 기업의 주식은 대개 더 느리게 성장하는 기업의 주식보다 훨씬 비싸다.

네드 데이비스 리서치의 전문가들은 미국 증시를 배당 성향 주식과 비배당성 주식으로 분리하는 연구를 진행 중이다. 이들은 지난 12개월 동안 회사의 배당 정책을 바탕으로 배당주를 세 가지 유형으로 구분했다.

'회사가 배당금을 늘렸는가, 그대로 유지했는가, 줄였는가?'

기업의 실적과
배당의 관계

1972년으로 거슬러 올라가면, 그 사이 대부분의 기간 동안 배당금을 지급한 주식은 동일가중 S&P 500 지수로 측정했을 때 전체적으로 배당금을 지급하지 않는 주식과 미국 전체 주식 시장보다 더 나은 성과를 거뒀다. 이 연구에서는 배당금을 지불하지 않는 주식은 전체 주식 시장보다 뒤처졌다. 이는 배당금을 지급하지 않는 기업이 수익은 더 빨리 증가할 수 있지만, 높은 멀티플을 지불하고 매수하는 투자자들은 주가에 반영된 높은 성장 기대치를 충족시키지 못하는 기업에 실망하는 경우가 많다는 것을 시사한다.

그 결과 열성적이었던 투자자들이 높은 수익 멀티플을 지불하지 않기 때문에 잘 나가던 주식들도 종종 가격이 떨어지고 전체 시장에서 뒤처진다. 네드 데이비스 리서치 연구에서 가장 실적이 좋은 부문은 배당을 시작하거나 늘린 기업들이었고 최악의 실적을 기록한 부문은 배당금을 삭감하거나 없앤 기업들이었다.

네드 데이비스 리서치는 매달 구성 요소를 조정하고 하위 지수를 재조정하므로 이 배당 전략은 거래 비용 때문에 실제 포트폴리오에서 구현하기가 어려울 것이다. 하지만 지속적으로 배당금을 확대하는 기업에 초점을 맞춘 지수의 성과를 재현하려는 ETF가 있다. S&P 500 고수익 배당금 귀족 지수는 20년 동안 매년 배당금을 올린

100여 개 기업으로 구성된 지수다. 이 지수는 장기적으로 S&P 1500 지수로 측정한 미국 주식 시장을 크게 앞섰지만 실적이 저조한 기간도 길어졌다.

대부분의 투자 전략과 마찬가지로 배당 투자도 찬반양론이 팽팽히 맞서고 있다. 투자자들이 배당금이 꾸준히 오르는 주식을 선호할 땐 더 많은 돈을 지불할 의사가 있어 밸류에이션이 올라가고 배당 수익률은 낮아진다. 이는 배당주 및 비배당 주식을 모두 포함하는 다각화된 지수화 전략에 비해 향후 수익률이 낮아질 수 있다.

투자 요인과
스마트 베타

배당 투자는 높은 수익으로 전체 주식 시장을 능가하는 투자 전략이다. 높은 수익은 광범위하고 지속적인 수익의 원동력으로 알려져 있다. 경제 성장률과 인플레이션은 자산군의 성과에 영향을 미치는 거시적 요인의 예다. 물론 거래 가능한 요인도 있으며 이는 전체 시장 대비 수익 프리미엄을 창출할 수 있다. 이러한 성과 프리미엄은 가격이 잘못 책정된 개별 주식을 식별할 때가 아니라, 비슷한 특성을 지닌 주식 바스켓에 투자하면 얻을 수 있다.

예를 들어 가치는 장기간에 걸쳐 전체 주식 시장 대비 높은 성과를 내는 요인이다. 투자자들은 어려움을 겪는 기업들의 성장 전망에는 지나치게 비관적이고, 고성장 기업에는 너무나도 낙관적이기 때문에 가치가 작용한다. 그래서 성장주가 너무 비싸고 실망스러운 데 비해 가치주는 매우 저렴하고 업사이드에 놀라게 된다. 물론 가치 투자는 전체 주식 시장 대비 장기간 실적이 저조할 수 있으므로 어떤 의미에서 가치 프리미엄은 악재를 겪어야 하는 투자자에게 주는 보상이다.

스마트 베타Smart Beta는 거래 가능한 요인으로부터 수익 프리미엄을 추구하는 투자 전략이다. 가치 외에도 다른 스마트 베타 전략으로는 '저평가된 주식에 집중하는 가치주', '주가 변동성이 낮은 주식을 많이 담는 저변동성', '가격 모멘텀이 강한 모멘텀' 등이 있다.

스마트 베타 전략의 한 가지 과제는 이것이 점점 대중화되면서 비싸지기 때문에 생기는 초과 수익률과, 실제 요인에서 발생하는 초과 수익률을 분리하기가 어려울 수 있다는 점이다. 주식 시장보다 성과가 우수한 이유가 스마트 베타 전략이 점점 더 비싸지기 때문이라면 향후에는 스마트 베타 전략이 저조한 성과를 보일 수도 있다. 또한 스마트 베타 전략의 잠재적 초과 수익은 거래 비용, 세금 및 매니저 수수료로 약해질 수도 있다.

현재 시장의
온도를 측정하라

"어떻게 최고의 수익을 만들 것인가?"라는 질문에 충분히 답하기 위해서는 수익률, 현금 흐름 증가, 현금 흐름 멀티플의 변화 등 기초 자산군의 요인은 물론이고 현재 상황도 파악해야 한다. 하워드 막스는《투자에 대한 생각》에서 현재 상황을 파악하는 것에 대해 이렇게 썼다.

미래를 아는 것은 어렵지만 현재를 이해하는 것은 그리 어렵지 않다. 우리는 시장의 온도를 측정해야 한다. 만약 우리가 눈치가 빠르고 통찰력이 있다면 주변 사람들의 행동을 파악하고 그로부터 무엇을 해야 하는지 판단할 수 있다.

몇 년 전, 나는 친구가 진행한 학생 기숙사 프로젝트에 투자한 적이 있다. 그러나 불행히도 이 친구는 프로젝트가 완료되기 전에 세상을 떠났다. 새로운 개발자가 프로젝트를 인수했고 전화 회담에서 개발자와 그의 직원들은 재무 모델링에 사용한 가정들을 제시했다.

부동산에 투자할 때 핵심 지표는 '자본 환원율'이다. 자본 환원율은 미래의 추정 이익을 현재 가치로 전환하기 위해 적용하는 할인율로, 이 비율이 높을수록 기업 가치가 하락한다. 자본 환원율은 프로젝트의 연간 순영업 수익을 사업의 비용이나 가치로 나눠 산정한다. 순영업 수익은 세금, 재산 관리비 같은 운영비를 공제한다. 당시 대학가에서는 유사한 프로젝트의 자본 환원율이 5.75%에 달했다. 그들은 임대료, 공실률, 자본 환원율에 근거한 민감도 분석을 제시했다. 그들의 분석에서 자본 환원율은 5.75~6.75%였다.

2009년 기숙사의 자본 환원율은 7.75%에 달했고 2003년에는 8% 이상이었던 것을 보면 그들이 최악의 시나리오로 제시한 6.75%도 내게는 낮아 보였다. 나는 그들에게 자본 환원율이 8%까지 오르면 어떻게 되는지 물었다. 그들은 비록 비현실적인 가정일지라도 만약 그렇게 된다면 프로젝트는 손해를 볼 것이라고 인정했다. 8%의 자본 환원율에서는 이 기숙사 프로젝트의 가치가 건축비 이하로 떨어질 것이다.

이 시기에 안정적인 대학가에서 이런 현금 흐름을 창출하는 자산을 소유하려는 기관 투자자들의 강한 요구가 밸류에이션 상승을 부추기고 수익률을 낮췄다. 당시 시장은 가격이 비쌌다. 금리가 상승하면 자본 환원율이 급등하고 자산 가치가 하락할 수 있다. 자본 환원율이 상승할 위험이 있긴 했으나 투자 규모가 상대적으로 작았고 일이 어떻게 진행되는지 궁금했기에 나는 프로젝트를 계속 진행했다. 결국 새로운 개발자가 기숙사를 전부 임대 완료시키면서 이는 좋은 결정으로 판명됐다.

두 번째 계획이
필요한 이유

친구의 불행한 죽음으로 나는 성공하기 위해 특정 개인의 능력에 크게 의존하는 투자도 있다는 사실을 냉정하게 깨달았다. 그 특정 개인이 직장을 옮기거나, 병에 걸리거나, 혹은 사망해서 더 이상 곁에 없다면 투자는 위험에 처할 수 있다. 투자 고문으로서 금융 자산 관리자를 조사할 때 내가 중요하게 생각하는 핵심 원칙이 있었다. '어떤 봉변을 당할 경우'에 대비한 두 번째 계획을 묻는 것이다. 민간 부동산 개발은 특정 개인의 노력이 중요한데, 임대 부동산을 구입할 때도 마찬가지다.

친구가 뇌종양 진단을 받기 불과 몇 달 전에 나는 친구와 점심을 먹었다. 그는 기분이 매우 좋았고 나에게 프로젝트의 근황을 전하면서 매우 활기차 있었다. 그랬던 그가 암을 진단받고 8주 만에 세상을 떠났다. 안타깝게도 프로젝트 운영 약관에는 그가 사망할 경우를 대비한 두 번째 계획이 없었다. 나는 친구가 사망할 것이라고 생각조차 하지 않았지만 내가 기숙사 프로젝트에 최소한의 금액을 투자한 이유는 그가 혼자 일하고 있었고 성공 여부가 전적으로 그의 노력에 달렸기 때문이었다.

성공이 나 자신이나 다른 사람의 일에 달린 지역 부동산 프로젝트 같은 민간 투자는 수익 창출 요인이 공공 시장과 관련이 없기 때문에 좋은 다각화가 될 수 있다. 몇 년 전, 나는 아내와 같은 대학 도시에 있는 단독 주택을 사서 학생들에게 임대할 수 있는 집으로 개조했다. 지역 대학의 입학자 수가 증가하고 있었고 우리는 그 부동산을 매력적인 가격에 샀다.

결과적으로 이 부동산의 성공은 리모델링 예산에 달려 있었다. 원래 의도는 임대로 유지하는 것이었지만 마땅한 부동산 관리 회사를 찾지 못했다. 결국 우리는 건물을 차익으로 매각하고 임대 부동산 사업에서 손을 뗐다.

이 거래에서 우리는 돈을 빌려 레버리지를 사용하지 않았다. 레버리지로 부동산 프로젝트나 기타 투자의 수익률을 높일 수는 있지만, 투자는 레버리지 없이 매력적인 수익을 창출할 수 있어야 한다. 성공하기 위해 레버리지가 필요한 투자는 일이 잘못될 경우에 위험에 빠질 확률이 훨씬 높다.

공공 시장에 의존하지 않는 수익률 결정 요인의 또 다른 예는 파산했거나 파산 직전인 기업의 부채를 매입하는 부실 채권 관리자들이다. 이러한 부실 채권은 미지불 채무 1달러당 20~30센트에 매입된다. 성공적인 투자 성과는 투자자가 지불한 것보다 달러당 더 많은 부채, 대략 달러당 50센트를 받을 수 있도록 부실 채권을 구조조정 하는 데 달려 있다. 즉, 수익률 결정 요인은 전체 채권 시장에서 일어나는 일이 아니라, 서로 다른 구성 요소가 합의에 도달할 수 있는 능력에 달린 것이다.

다중 수익률
요인

일부 투자는 수익률 결정 요인이 복합적으로 작용한다. 예를 들어 부동산 프로젝트는 레버리지 없이 경제적으로 실행될 수 있지만 개발 업체는 레버리지를 사용하여 수익을 높인다. 또 다른 예는 투자 운용사가 선물 등으로 증권 시장에 위험을 감수하고 나머지 자본은 단기 채권이나 헤지 펀드 같은 다른 수단에 적극적으로 투자하는 전략이다. 이는 시장 상황에 상관없이 항상 초과 수익을 올리는 것으로 '포터블 알파Portable Alpha' 전략이라고 한다.

투자 결과는 성과에 기반을 둔 요인으로 달라진다. 우리는 수익, 현금 흐름 증가, 개인의 노력, 매력적인 가격에 구입할 수 있는 투자 등 신뢰할 수 있는 수익률 결정 요인이 있는 투자에 대부분의 자본을 할당해야 성공 가능성을 높일 수 있다. 우리가 정확하게 옳거나 다른 투자자들보다 뛰어나야 하는 투자, 투기는 가장 신뢰성이 낮은 수익률 결정 요인이다. 성공적인 포트폴리오에는 다양한 수익률 결정 요인이 혼합돼 있다는 것을 잊지 말자.

•_ 7장 요약

□ 투자에는 성공적인 결과를 보장할 수 있는 단계별 지침이 없다. 대신 우리는 올바른 방향으로 가고 있다는 확신을 주는 질문과 경험 법칙을 갖고 있다는 점에서 길을 찾는 사람들이다.

□ 수익률 결정 요인은 성과를 결정하는 투자 속성이다.

□ 신뢰할 수 있는 수익률 요인에는 소득, 현금 흐름 증가, 배당금 및 가치 투자와 같은 거래 가능한 요인이 포함된다.

□ 덜 신뢰할 수 있는 수익률 결정 요인에는 레버리지, 잘못 책정된 개별 주식의 식별, 금 및 골동품과 같은 비소득 창출 자산 투기가 포함된다.

□ 개별 주식의 가격이 내재 가치를 반영하지 않을 수 있다는 점에서 투자자 의견의 컨센서스는 틀릴 수 있다. 투자자들은 기업의 전망을 지나치게 낙관하기도 하고 지나치게 비관하기도 한다.

□ 대개 이런 긍정적이거나 부정적인 놀라움은 서로 상쇄되므로 전체 주식 시장의 성과는 시간이 지남에 따른 배당 수익률과 배당금 증가에 좌우된다.

□ 성공적인 포트폴리오에는 투자자가 미리 파악한 신뢰할 수 있는 수익률 요인이 다양하게 혼재돼 있다. 투자자는 다양한 수익률 결정 요인이 투자의 성공 여부를 좌우할 것임을 알고 있다.

8
질문

수수료 이상의
효과를 내는가?

성공적인 투자자들은 기업이 수익의 일부를 수수료, 비용, 세금 등의 형태로 가져가는 것을 알고 있다. 우리는 지불하는 수수료에 대한 충분한 혜택을 받아야 한다.

세금을
받아들이는 자세

앞서 나는 한 팟캐스트 청취자가 IPO 공모 덕분에 150만 달러를 횡재한 사연을 공유했다. 그는 이 상당한 부의 증가로 무엇을 할 수 있는지 고민했고 포트폴리오 분석을 위해 재무 설계사를 고용했다. 12개월 후 그는 이렇게 말했다.

"나는 충고를 듣지 않을 만큼 낙관적이었고 대부분의 주식을 보유하여 작년에 주식 가치가 두 배 이상 올랐다. 내 순자산 400만 달러 중 240만 달러는 주식이다."

그는 새 집을 사기 위해 일부 주식을 팔았다. 주식의 성과를 고려할 때 자신이 매도한 주식에서 70만 달러의 양도 소득세를 내야 했다. 그는 또한 주식이 폭락할 경우를 대비해 재산을 보호하는 파생 상품 계약을 했다. 그는 이 말을 덧붙였다.

"세금이 없었다면 내 주식 가치는 실제로 170만 달러가 됐을 것이다. 세금은 항상 부담해야 하는데 순자산을 어떻게 추정할 수 있을까?"

성공적인 투자에는
늘 세금이 있다

그가 자신의 순자산을 세금까지 반영해서 조정해야 한다는 점은 옳다. 투자에서 우리는 투자 이익이 전부 우리 자신의 것으로 생각한다. 하지만 정부는 세금의 형태로 우리가 어렵게 번 이익의 일부를 빼앗는다. 가능한 한 세금 부담을 최소화하는 것이 좋겠지만 어쨌든 성공적인 투자는 세금을 낸다. 당신이 투자로 번 돈 중 일부가 처음부터 내 것이 아니라고 인식하면 이를 지불하기가 더 쉽다.

우리의 여덟 번째 질문은 "수수료 이상의 효과를 내는가?"이다. 수수료와 세금에 관한 투자 수익의 일부는 누가 가져갈까? 이를 파악하는 것은 어려울 수 있다. 왜냐하면 누구에게 얼마나 지불되고 있는지는 항상 명확하지 않기 때문이다.

브로커들 역시 개인 투자자에게 아무것도 청구하지 않은 것이 아니다. 내가 브로커에게 포트폴리오를 보여 달라고 요청하면 거기에 펀드를 사고팔 때 수수료나 로드를 부과하는 뮤추얼 펀드가 포함돼 있다. 뮤추얼 펀드의 비용에는 보통 브로커에게 지급되는 판매 장려 수수료가 포함된다. 브로커가 명시적으로 비용을 요구하지 않더라도 그는 보상을 받고 있는 것이다.

투자 비용은 다음 세 가지 유형으로 분류할 수 있다.

1. 거래 비용

2. 자문료 및 관리비

3. 관리 수수료

이런 비용이 나눠서 발생하기도 하고, 때로는 한 번에 처리되기도 한다. 예를 들면 뮤추얼 펀드나 ETF에는 운용 수수료와 관리 수수료가 모두 포함된 비용이 있다. 또한 뮤추얼 펀드는 거래 비용으로 간주되지만 실질적으로는 선취 수수료가 부과될 수도 있다. 일부 민간 투자 회사는 세금, 법률 또는 기금 모금 비용 같은 관리비를 부과할 것이며 투자자로서 우리는 때때로 상대 파트너를 알지 못하는 경우도 있다. 이 세 가지 비용의 범주를 좀 더 자세히 살펴보자.

투자 비용의
세 가지 유형

^ ^
^

① 거래 비용

거래 비용은 투자를 시작하거나 종료할 때 브로커나 자문사에게 지급하는 자금
이다. 이는 주식을 사고팔기 위한 거래 수수료로 명시되기도 하지만 딜러나 브로커
가 투자자에게 매각하기 전에 개별 채권에 가격 인상을 추가하는 경우에는 비용이
보이지 않는 경우도 있다. 여기에는 브로커가 특정 뮤추얼 펀드를 매수하기 위해 부
과할 수 있는 거래 수수료가 포함된다.

좋은 소식은 지난 20년 동안 개인 투자자들이 증권을 매입할 때 수수료 할인 혜
택을 받았다는 것이다. 대부분의 증권사가 현재 수백 개의 ETF, 주식, 기타 증권 상
품에 수수료 없는 거래를 제공하고 있다. 거래 수수료가 없는 증권사들은 고객들이
회사의 수익을 창출하는 제품이나 서비스를 이용하기를 바란다.

이들이 수수료 없이 수익을 창출할 수 있는 방법은 여러 가지가 있다. 위탁 매매는 고객의 의뢰를 받고 상품이나 증권을 매매해 줌으로써 수익을 얻을 수 있다. 투자자들이 주가 하락으로 공매도를 하고 잠재적으로 이익을 얻도록 증권을 빌려주며 증권 대출 수수료를 벌기도 한다. 또한 차입금으로 증권을 매입하여 투자 수익률을 극대화하기 위해 레버리지를 사용하려는 투자자에게 신용 거래 대출을 제공해서 이자를 번다.

일부 증권사들은 고객의 투자되지 않은 현금 잔고에 0 또는 시장 이하의 이자율을 지불하여 대부분의 신용 거래 대출 이자 수입을 유지한다. 이 회사들은 신용 거래 대출로 얻은 수익과 현금 잔고에 대한 이자로 지불하는 금액 간의 스프레드로 이익을 얻는다.

② 자문료 및 관리비

자문료와 관리 수수료는 특정 투자를 관리하기 위해 전문가에게 지급한다. 여기에는 재무 고문이 고객의 포트폴리오를 관리하며 받는 자산 기반 수수료가 포함된다. 관리비에는 자산을 감독하는 포트폴리오 관리 팀에 주는 뮤추얼 펀드나 ETF에서 매일 차감되는 수수료도 포함된다. 이런 수수료는 펀드 또는 ETF의 비용 비율의 일부분이며 안내서에 더 자세히 설명돼 있다. 자문료에는 거래를 실행한 중개 플랫폼이 아닌 투자 자문 업자에게 보상하는 투자금을 입출금하는 수수료가 포함된다.

경쟁이 치열해지고 기술이 개선되면서 중개 수수료와 마찬가지로 자문 비용 비율도 낮아졌다. 투자 기업 연구원은 "2018년 액티브 운용 주식형 뮤추얼 펀드의 평균 비용 비율이 1997년 1.04%에서 0.76%로 감소했다"라고 밝혔다. 인덱스 주식 뮤추얼 펀드 비용 비율은 1997년 0.27%에서 2018년 0.08%로 감소했다. 인덱스 주식 ETF도 비용 비율이 감소해 2009년 0.32%에서 2018년 0.20%로 떨어졌다.

③ 관리 수수료

관리 수수료는 중개 업체, 펀드 회사, 퇴직 연기금들이 수행한 투자 추적, 명세서 및 세금 서류 작성 및 발송, 고객 계좌 관리와 관련된 기타 행정 업무 등에 지불한다.

투자 수수료는
어떻게 관리할까?

∧
∧
∧

투자 전문가와 브로커는 서비스를 제공하고 정당한 보상을 받을 자격이 있다. 하지만 우리는 투자자로서 지불하는 비용 많아지면 투자 수익이 줄어든다는 점을 명심해야 한다. 주식과 채권의 기대 수익률이 낮은 기간에는 투자 수수료 때문에 수익이 과도하게 줄어들 수 있다. 따라서 우리는 먼저 어떤 수수료가 부과되는지 파악하고 수수료로 얻는 편익이 정당한지 결정할 필요가 있다.

예를 들어 우리는 5장에서 가장 액티브한 매니저들이 전체 주식 시장을 추종하는 방법을 살펴봤다. 목표 벤치마크를 저조하게 달성할 가능성이 높다면 매년 자산의 0.5~1.5%를 액티브 주식 매니저나 뮤추얼 펀드에 지불하기보다, 연 0.15% 미만의 수수료로 목표 벤치마크를 달성하는 인덱스 뮤추얼 펀드나 ETF를 활용할 수도 있다. 피델리티 인베스트먼트처럼 수수료가 없는 인덱스 뮤추얼 펀드까지 제공하는 회사도 있다.

매니저에게 수수료를 지불하고 특정 수익률을 능가할 수 있다면 그것은 타당한 투자다. 실행 가능한 인덱스 펀드나 ETF 옵션이 없을 때도 적극적으로 운용되는 펀드가 적절할 것이다. 나는 매니저를 고용하면 채무 불이행 가능성이 더 높은 회사를 피할 수 있다고 믿는다. 따라서 고수익 채권 ETF보다는 비투자 등급 채권을 선택할 땐 액티브 채권 매니저를 기꺼이 고용할 것이다.

나는 또한 폐쇄형 펀드에 투자한다. 폐쇄형 펀드는 비용이 매우 높기 때문에 순자산 가치에 평균 이상의 할인된 가격으로 판매할 때만 펀드를 구입한다. 만약 펀드가 15% 할인된 가격으로 판매된다면 2%의 비용 비율을 공제한 후에도 여전히 실행 가능한 투자일 수 있다. 이익 지향형 폐쇄형 펀드의 경우, 수수료 지급 이후 잠재 수익률이 얼마가 될지를 확인하기 위해 항상 폐쇄형 펀드의 배당금에서 전체 비용 비율을 차감한다. 배당 수익률은 가장 최근의 월별 또는 분기별 분포를 연간으로 계산한다. 배당 수익률에서 연간 비용 비율을 차감하면 폐쇄형 펀드와 다른 투자 옵션을 비교할 수 있다.

재무 자문인
유지하기

포트폴리오를 관리하기 위해 꼭 재무 전문가를 고용해야 할까? 매일 당신의 투자를 감독하기 위해 자문인이 청구하는 0.8% 수수료 이상의 가치가 있을까? 이는 매니저를 고용하는 이유에 따라 달라질 것이다. 많은 재무 설계사는 종합적인 재정 계획을 준비하고 포트폴리오를 추천하기 위해 프로젝트 수수료나 시간당 요금을 받고 일한다. 그들의 조언은 당신이 은퇴를 계획할 때 상당한 가치를 안겨줄 수 있다. 재정 계획을 검토하고 나면 당신은 계속 수수료를 지불하며 자문인을 고용하기보다 스스로 포트폴리오를 구성할 수 있다. 물론 어떤 사람들은 전문가가 지속적으로 자신의 포트폴리오를 감독할 때 얻는 마음의 평화를 선호할 수도 있다. 그 자문인은 격동하는 시장에서 투자자가 불안하지 않도록 돕는다. 그렇다면 마음의 평화는 재정 자문인을 고용하는 타당한 이유가 된다.

반대로 자문인을 고용하는 이유가 전문가적인 시각에서 주식 선정을 하기 때문이고, 그들의 관리가 주식이나 채권 시장을 능가할 것으로 기대하기 때문이라면 이는 바람직한 이유가 될 수 없다. 시장을 능가하는 기술과 정보 통찰력을 갖춘 투자 전문가는 드물기 때문이다. 진정으로 숙련된 투자 전문가는 헤지 펀드 운용과 같은 높은 보상을 받는 분야에 끌린다. 그러나 성공적인 헤지 펀드는 계좌 최소액이 1,000만 달러 이상으로 매우 높거나, 수년 동안 신규 투자자들에게 폐쇄돼 있다.

훌륭한 재무 자문인은 인생에서 재정적인 어려움을 미리 대비하고 부족한 부분은 충족되도록 관점을 제공하며 당신과 협력할 것이다. 훌륭한 재무 설계사는 자신의 서비스 비용과 기본 투자 수수료도 완전히 공개할 것이다. 또한 시장을 능가할 것이라고 약속하지 않을 것이다. 왜냐하면 그 약속을 이행할 수 있는 사람은 거의 없기 때문이다.

개인이 세금을 줄이는
효과적인 방법

내가 투자 고문으로 일하던 초기에 만난 고객 중 한 명은 의료 과실 보험사였다. 가끔 나는 이 고객과 너무 친밀하다고 느꼈다. 투자 위원회 사람들은 대부분 나보다 수십 년 나이가 많은 의사들이었고, 그들은 다른 관점으로 투자업계를 바라봤다. 그들은 포트폴리오의 세후 수익률과 모든 투자 활동이 보험사의 재무제표에 반영되는 방식에 매우 중점을 뒀다. 소득이 과세됐음에도 미실현 이익보다 소득이 더 높게 평가됐다. 이자와 배당 수익은 회사의 손익 계산서에 수익으로 반영됐지만 미실현 이익은 반영되지 않았다.

지금까지 내 고객 대부분은 비영리 단체였기 때문에 세금은 고려 대상이 아니었지만 이 고객은 내가 준비할 분기별 보고서에서 포트폴리오의 세후 수익을 계산해주길 원했다. 그러기 위해 보험사가 받은 소득에서 세금으로 지출되는 금액만큼 줄이고 양도 소득세를 설명하기 위해 가격 상승을 낮췄다. 그것은 극히 수동적인 과정이었고 그때 이후 나는 세금이 투자 수익을 얼마나 줄일 수 있는지를 잘 알게 됐다.

개인이 세금을 최소화하는 가장 좋은 방법은 단기 시세 차익보다 장기 시세 차익이 높은 자산을 매각하는 것이다. 그러기 위해 가장 효과적인 방법은 ETF를 소유하는 것이다. 펀드나 ETF의 기본 자산을 매매하는 빈도 측면에서 포트폴리오 회전율이 낮을수록 펀드나 ETF의 과세 효율이 높아진다. 액티브 뮤추얼 펀드는 빠르게 평가되고 매니저의 목표 가격을 충족하는 경우 1년 미만에 보유한 주식을 모두 매각할 수 있다. 또는 투자 포인트가 변경될 경우 주식을 매각할 수 있다. 두 시나리오 모두 주식을 매각하면 주주에게 과세 대상이 될 수 있는 단기 시세 차익이 발생할 수 있다. ETF를 추종하는 기본 인덱스의 구성 요소에 변화가 없는 한, 보유한 주식을 매도하는 일은 거의 없을 것이다.

비과세 투자를
포트폴리오에 추가하기

또한 ETF 스폰서가 증권 바스켓을 지정 판매 회사가 제공하는 ETF 주식으로 교환할 때 ETF 주식이 상환된다. 따라서 ETF 스폰서가 증권을 지정 판매 회사에게 저렴한 비용으로 양도하여 세금 부담을 줄일 수 있는 기회가 있다. 저비용 기반이란, 유가 증권의 가격이 크게 상승했으므로 매각 시 과세 소득 세액이 클 수 있음을 의미한다.

반대로 실액티브 뮤추얼 펀드 전략에서 패시브 인덱싱 수단으로 전환하는 투자자의 경우 뮤추얼 펀드는 기존 보유 자산을 공개 시장에서 매각해야 하며 잠재적으로 나머지 주주에 대한 추가 자본 이득 세금 책임이 발생한다. 개인 투자자로서 우리는 세금 유예 저축 수단과 비과세 투자를 활용해 세금 부담을 최소화할 수 있다.

금융 학계와 실무자는 일반적으로 채권, 리츠 등의 고수익 자산을 세금 유예 세정에 배치하고, 주식을 과세 계정에 보유하면 세금을 줄이고 세후 포트폴리오 가치를 높일 수 있다는 데 동의한다. 이는 많은 개인의 배당 및 이자에 대한 세율이 양도소득세율보다 높기 때문이다. 세금 유예 계정에 고소득 투자를, 과세 특례 계정에 고성장 저소득 투자를 배치하면 1년의 세금 부담이 낮아진다. 자산 잔고가 증가할 수 있는 시간이 더 많아질 수 있다.

세금과 관련한 투자 전략을 세밀하게 조정하고 싶다면 훨씬 더 나은 출처가 있다. 먼저 세무사는 포트폴리오에 지방채와 같은 비과세 투자를 포함시키는 것이 합리적인지에 대한 통찰력을 제공할 것이다. 지방채는 도로, 공공 기반 시설, 학교 등 각종 사업에 자금을 지원하기 위해 국가, 지방 자치 단체, 학군에서 발행하는 채무 증권이다. 대부분의 지방채는 연방세와 많은 경우에 주세와 지방세가 면제된다. 지방채 수익률, 기간, 신용 등급에 중점을 두고 3장에서 채권을 분석한 것과 동일한 방식으로 평가할 수 있다.

지방채에 대한 한 가지 조정은 지방채, 펀드 또는 ETF의 만기 수익률 또는 SEC 수익률을 1에서 투자자의 한계 세율을 뺀 수익률로 나눠 과세 대상 채권으로 수익률을 공평하게 경쟁해야 한다는 것이다.

예를 들어 지방채 펀드의 SEC 수익률이 2.9%라고 가정하자. 한계 세율이 35%인 투자자의 경우, 이는 세전 수익률 4.5%에 해당한다.

- 2.9%/(1-35%)=4.5%

그런 다음 투자자는 세금 조정 수익률을 신용 등급 및 금리 민감도와 유사한 과세 채권 펀드의 SEC 수익률과 비교해 투자가 합당한지 확인할 수 있다.

포트폴리오 재조정 시 발생하는 비용

투자 비용이 드는 또 다른 영역은 투자 포트폴리오 재조정이다. 재조정은 실적이 우수하고 일부 목표보다 비중이 높은 자산은 매각하고, 그 수익금을 실적이 좋지 않고 목표보다 비중이 낮은 자산에 배분하는 것을 말한다. 물론 이는 각 투자나 자산 범주에 대한 실제 목표가 있다고 가정하며, 자산 배분을 어떻게 하는지에 따라 달라질 수 있다.

기관 투자 고문으로 일할 땐 두 가지 유형의 고객이 있었다. 첫 번째 유형의 고객은 내가 추천은 했지만 궁극적으로 투자 위원회나 직원들이 결정을 내리고 실행했다는 점에서 재량권이 없었다. 다른 유형의 고객은 투자에 대한 재량권이 있었다. 이 경우 우리 포트폴리오 관리 팀이 투자 결정을 내리고 실행했다.

재량권이 없는 고객들에게 재조정은 늘 지속되는 논의 내용이었다. 재조정 결정은 '연 1회 재조정'처럼 시간적인 기준으로 결정되거나 '자산 범주가 목표에서 20% 이상 벗어나 있을 때마다 재조정한다' 같은 임계값이 기반이 됐다. 이 수치를 결정할 때 필요한 것은 자산 범주가 목표 범위를 벗어나는지 확인하기 위해 포트폴리오를 살펴보는 횟수다.

비용과 편익을
비교하라

내가 함께 일했던 비영리 단체의 경우 거래 수수료가 낮고 양도 소득세를 낼 필요가 없었기 때문에 재조정 비용이 미미했다. 하지만 개인은 이런 부분이 적용되지 않는다. 나는 때때로 개별 주식이나 인덱스 펀드 같은 특정 증권을 수년간 보유한 청취자로부터 과세 대상 포트폴리오에 대한 이메일을 받는다. 이들의 증권은 비용 기반이 낮기 때문에 재조정 전략의 일환으로 매각될 경우 과세 소득 세액이 크게 발생한다.

만약 세금 부담이 크다면 세금과 거래 수수료를 포함한 재조정 비용을 잠재적 편익과 비교해야 한다.

1. 기존 투자 비용을 상쇄하기 위해 새로운 투자로 얼마를 벌어야 하는가?
2. 해당 비용을 회수하는 데 얼마나 걸릴 것인가?

3. 기존 보유 가치가 급락하면 재정적으로 어떤 손해를 입을까?

이 세 번째 질문은 특히 투자 포트폴리오에 많은 비중을 차지하는 개별 주식이 있는 경우와 관련이 있다.

재조정 전략에는 정답이 없다. 얀 질버링[Yan Zilbering], 콜린 M. 자코네티[Colleen M. Jaconetti], 프란시스 M. 키니리 주니어[Francis M. Kinniry, Jr.]는 뱅가드를 대상으로 포트폴리오 재조정을 위한 모범 사례를 논문으로 발표했다. 분석 결과, 포트폴리오를 재조정하는 빈도는 월별, 분기별, 연간에 따라 위험 조정 수익에 의미 있는 영향을 미치지 않는 것으로 나타났다. 그러나 재조정이 많을수록 비용은 증가했다. 이들은 이런 결론을 내렸다.

> 합리적인 모니터링 빈도는 연간 또는 반기이며, 합리적인 배분 임계값은 5% 내외의 변동이다. 이를 기반으로 한 재조정 전략은 장기적으로 너무 많은 재조정 없이도 광범위한 주식 및 채권을 보유한 대부분의 포트폴리오에 목표 자산 배분과 관련하여 충분한 위험 통제를 제공할 가능성이 높다.

재량권을 가진 고객들은 재조정과 관련하여 공식적인 논의를 많이 하지 않았다. 이 고객들은 특정 자산 범주 목표를 상당히 폭넓게 갖고 있었고 투자 관리자로서 우리의 책임은 투자 조건에 따라 신중한 포트폴리오 결정을 내리는 것이었다.

고객이 펀드를 추가하거나, 상환하거나, 투자 조건이 변경되면 포트폴리오 믹스를 점진적으로 조정할 수 있다. 실적이 좋고 수익률 전망이 낮아 조정이 필요한 자산군은 축소하고, 과거 평균보다 가격이 낮고 기대 수익률이 높은 자산군은 추가한다. 그것은 면밀히 따라야 할 최적의 포트폴리오 목표가 있다고 가정하는 엄격한 재조정 접근법보다 더 유연한 포트폴리오 관리 접근법이다. 이는 내가 지금까지 포트폴리오를 계속 관리하는 방법이다.

인플레이션과
포트폴리오의 중요성

지금까지 수수료와 세금 같은 명시적인 투자 비용을 다뤘다면 인플레이션은 금융 서비스 회사에서 부과하지 않기 때문에 사업 설명서나 중개 계약에 없는 비용이다. 인플레이션은 시간이 지남에 따라 가격이 상승하면서 구매력이 상실되는 현상으로 재화와 용역의 공급보다 돈의 공급이 더 빨리 증가할 때 발생한다. 통화 공급은 대부분 은행들이 신규 대출을 발행해서 증가한다. 투자자는 소비자 물가 지수로 측정한 현재의 인플레이션율과 투자 수익률이 그 이상인지 알아야 한다. 인플레이션 이상으로 얻은 누적 수익을 '실질 수익률'이라고 한다. 인플레이션으로 인한 구매력 손실을 상쇄하기 위해서는 실질 수익률이 플러스여야 한다.

예를 들어 대학 기부금은 일반적으로 연간 포트폴리오에서 인출하는 비율에 인플레이션 비율을 더한 것과 동일한 최소 목표 수익률을 가진다. 연간 지출률이 4%

고 예상 인플레이션율이 3%라면 최소 목표 수익률은 7%가 된다. 만약 목표 수익률을 충족하고 인플레이션이 3% 기대치에 도달하며 연간 지출률이 4%에 이른다면 지금부터 20년 후에 기부금이 지출하는 재정적인 영향은 인플레이션을 조정한 현재와 동일할 것이다. 기부금 수입이 7% 이상이고 실질 지출 순이익이 발생하면 지금부터 20년 동안 지출되는 재정적 영향은 현재보다 더 클 것이다.

우리는 개인 투자자와 비슷한 분석을 할 수 있다. 만약 우리가 인플레이션보다 낮은 수익률을 가진 현금성 자산 포트폴리오를 유지한다면 인플레이션을 감안한 자산 가치는 줄어들 것이다. 이는 실질적으로 마이너스 수익률을 갖고 있기 때문이다. 반대로 100% 주식으로 구성한 포트폴리오는 장기적으로는 실질적으로 플러스 수익률을 창출할 가능성이 높지만 마이너스 수익을 창출하는 기간도 경험할 수 있다. 만약 주가가 60% 하락한다면 은퇴 전후의 투자자에게는 상당한 재정적 손해다.

포트폴리오 관리는 주요 시장이 하락할 경우에 발생하는 재무적 피해를 최소화하면서 실질적인 포트폴리오 수익률에 기여하는 여러 자산 범주를 결합하는 과정이다. 인플레이션의 영향을 더 잘 이해하고 싶다면 스프레드시트로 미래의 포트폴리오 가치와 지출 금액을 현재의 달러 가치와 비교하는 것이 도움이 될 수 있다.

포트폴리오 투자 비용
관리 방안

거래 비용, 자문료, 관리 수수료, 세금 및 인플레이션 등등 모든 투자 비용은 투자 수익을 줄인다. 투자 비용을 피할 수는 없지만 효과적으로 관리할 수는 있다. 그 시작은 당신이 지불하는 비용이 얼마인지 알고 충분한 혜택을 받고 있는지 점검하는 것이다.

세후 수수료 순이익률을 높이기 위해 비용을 절감할 방법이 있는가? 투자 비용이 계속 감소하고 ETF 같은 세금에 효율적인 옵션을 사용할 수 있다는 점을 고려하더라도 종종 다른 옵션이 있을 수 있다. 포트폴리오를 변경할 때 수수료와 세금이 얼마나 드는지 계산하고 이 비용을 회수하는 데 얼마나 걸릴지 생각해야 한다.

기업 지원 확정 기여형 퇴직 연금 제도의 경우, 다양한 포트폴리오 옵션의 비용을 결정하고 더 저렴한 옵션에 투자할 수 있다. 그런 다음 과세 유예 저축 수단에서 더 높은 소득을 창출하는 투자를 찾는 세금 절감 전략을 염두에 두고 이러한 투자를 세후 저축으로 보완할 수 있다.

●_ 8장 요약

□ 투자 비용은 거래 비용, 자문 수수료, 행정 수수료로 분류할 수 있다. 이러한 수수료는
투자 수익을 낮추기 때문에 충분한 이익을 얻는지 확인해야 한다. 그렇지 않다면 더
저렴한 옵션을 찾아야 한다.

□ 훌륭한 재무 자문인은 인생에서 재정적인 어려움을 미리 대비하고 부족한 부분을 채
우는 관점을 제공하며 당신과 협력할 것이다. 훌륭한 재무 설계사는 자신의 서비스 비
용과 기본 투자 수수료를 완전히 공개할 것이다. 또한 시장을 능가할 것이라고 약속하
지 않을 것이다. 왜냐하면 그 약속을 이행할 수 있는 사람은 거의 없기 때문이다.

□ 성공적인 투자는 세금을 낼 수밖에 없지만 이를 최소화하는 조치를 취할 수는 있다.

□ 재조정은 실적이 우수하고 일부 목표보다 비중이 높은 자산을 매각하고, 그 수익금을
실적이 좋지 않고 목표보다 비중이 낮은 자산에 배분하는 것이다. 재조정은 일정 비율
임계값을 초과하는 자산을 기반으로 재조정되거나, 설정된 시간 스케줄에 기초하여
재조정될 수 있다. 공식적인 자산군 목표가 없다면 보다 유연한 접근 방식은 펀드를
추가하거나, 상환하거나, 투자 조건이 변경될 때 포트폴리오를 점진적으로 조정할 수
있다.

□ 개인 투자자는 실제 포트폴리오 수익률에 기여하는 자산 범주를 결합해서 숨겨진 인
플레이션 비용을 극복할 수 있다.

9

<u>질문</u>

포트폴리오를
어떻게
구성할 것인가?

다양한 포트폴리오는 다른 수익률 결정 요인을 가진 다양한 자산 범주로 구성된다. 자산 배분을 하나의 정답이 있는 문제로 접근해서는 안 된다. 오히려 우리는 가이드라인과 경험 법칙을 사용해 우리의 지식, 이익, 가치에 맞는 투자 포트폴리오를 구축할 수 있는 엄청난 창조적 자유가 있다.

포트폴리오를
구성하는 방법

투자를 위한 대부분의 질문은 개별 투자를 독립적 기준으로 분석한다. 그러나 투자는 단독으로 매수하지 않는다. 이는 우리의 전반적인 투자 포트폴리오의 수익률에 기여한다. 아홉 번째 질문은 "포트폴리오를 어떻게 구성할 것인가?"라고 물어봄으로써 이 구성 요소를 고려한다. 포트폴리오 매니저로서, 우리는 다른 투자 기회들 사이에서 배분 결정을 내린다. 어떤 자산을 포함할지, 또 그 자산에 얼마를 할당할지 어떻게 결정할 수 있을까?

전통적인 자산 배분 방식은 현대 포트폴리오 이론MPT에 기초한다. 이 이론은 1952년 해리 마코위츠Harry Markowitz에 의해 도입됐고 1950년대 초반부터 1970년대 초반까지 확대됐다. 마코위츠는 1990년 노벨 경제학상을 수상했으며 현대 포트폴리오 이론은 여전히 현대 금융의 기반이 된다. 현대 포트폴리오 이론의 아이디어는 투자할 때 주어진 리스크를 최소화하면서 기대 수익은 극대화하는 최적의 포트폴리오다. 이는 주식, 채권, 부동산 및 기타 자산 계층 간의 분할을 의미한다. 이 이론에서 위험은 변동성으로 정의되며 이는 평균 또는 기대 수익률에 대한 수익의 변동 폭이다. 최저치가 얼마나 낮은가에 비해 최고치는 얼마나 높은가? 현대 포트폴리오 이론에 근거한 자산 배분 모형의 변동성을 추정할 땐 표준 편차가 척도가 된다.

현대 포트폴리오 이론을 이용한 자산 배분 방법

현대 포트폴리오 이론으로 자산 배분을 하려면 각 자산 등급에 대한 기대 수익률과 변동성을 알아야 한다. 또한 자산 클래스가 어떻게 움직이는지의 가정도 필요하다. 자산군은 동일한 방향으로 추종하거나 반대 방향으로 얼마나 밀접하게 움직이는가? 이것을 상관관계라고 한다. 이러한 투입 변수로 최적화 모델은 주어진 수준의 변동성에 대한 기대 수익을 극대화하도록 주식, 채권, 부동산 및 기타 자산군 간의 최적의 조합을 계산한다. 각 변동성 수준에 기대 수익이 가장 높은 최적의 포트폴리오를 나타내는 선 그래프를 효율적 프런티어라고 한다.

내가 기관 투자 자문 위원으로서 새로운 대학 기부금 고객이나 기타 비영리 단체와 일을 시작했을 땐 현대 포트폴리오 이론에 근거한 자산 배분 연구를 제시하곤 했다. 목적은 고객이 늘 효율적으로 변경하는 최적의 포트폴리오 조합을 선택하는 것이었다. 이 최적의 포트폴리오는 고객이 현재 적절한 지출을 할 수 있도록 충분한 수익을 얻는 동시에 영구적으로 인플레이션을 조정한 기준으로 유사하거나 더 많은 금액을 지출할 수 있는 충분한 자본을 확보하는 데 필요했다. 동시에 기대 수익률이 그렇게 높지 않아서 투자 위원회와 다른 인수자들은 고위험 포트폴리오가 겪는 단기 하방 변동성을 견딜 수 없었다.

은퇴를 대비해 저축하는 개인이라면 일반적인 목표는 은퇴 기간 동안 생활하기 충분한 자산을 제공하는 수준으로 기존 저축과 미래 저축을 통합하는 최적의 포트폴리오를 만드는 것이다. 그러나 기대 수익률이 그렇게 높지 않기 때문에 개인은 변동성을 견딜 수 없다. 그들은 주요 시장 침체 기간 동안 또는 이후에 공황 상태에 빠지면 위험 자산을 투매할 수 있다.

감당할 수 있어야
최적의 포트폴리오다

자산 배분 연구에서 나온 결과물은 투입물에 크게 의존한다. 3장에서 나는 역사적 수익률을 바탕으로 재정 계획을 수립한 재무 설계사에 비판적이었다. 과거 변동성 수치와 상관관계를 사용하는 것은 허용되지만 포트폴리오 권고 사항을 뒷받침하기 위해 과거 자산 등급의 수익을 사용하는 것은 오해의 소지가 있다. 특히 앞 장에서 살펴본 것처럼 현재의 채권 수익률, 배당 수익률, 가치 평가 등 투자 시작 조건이 과거 역사를 반복할 가능성을 낮다고 본다면 더욱 그렇다.

투자 경력 초기에 우리가 사용한 자산 배분 모델은 완전히 역사적 수익률에 기초했다. 내가 원하는 과거 기간을 선택할 수 있었고 그 모델은 역사적 수익, 변동성,

상관관계를 바탕으로 효율적 프런티어를 만들어 냈다. 이런 유동성을 감안할 때, 나는 미래에 일어날 일에 대해 합리적으로 보이는 역사적 수익을 준 기간을 최상의 수익률로 기록하고 싶다. 하지만 나는 역사적 시기를 1~2년 바꾸는 것이 결과물을 얼마나 크게 변화시켰는지 알고 충격을 받았다.

더 중요한 것은 고객에게 자산 배분 연구를 제시하면서 고객이 최적의 포트폴리오를 원하지 않는다는 점을 발견했다. 그들은 자신들에게 편안한 수준을 원했다. 그들의 요구에 맞춰 나는 중소기업 주식의 15% 이하, 미국 외 주식의 20% 등과 같이 모델에 제약을 뒀다. 내가 추천한 포트폴리오는 고객이 마음에 들어 한다는 점에서 최적의 포트폴리오였다. 이는 고객들에게 가장 건강한 음식을 주는 것이 아니라, 고객들이 선호하는 음식으로 구성된 최적의 식단을 만드는 것으로 매우 큰 노력이 필요했다.

몇 년 후, 우리는 과거 지향의 후진적인 가정 대신 미래 예측 수익률 가정에 기초한 자산 할당 모델을 사용하기 시작했다. 결국 나는 효율적 프런티어를 보여 주는 일을 완전히 중단했다. 왜냐하면 고객들이 만족할 것이라고 생각하는 포트폴리오를 보여 주기 위해 곡선에 놓을 모든 제약 조건을 고려하는 것이 가식처럼 느껴졌기 때문이다.

현대 포트폴리오 이론의
세 가지 문제점

지금은 개인 투자에 현대 포트폴리오 이론을 사용하지 않는다. 다각화된 여러 자산에 투자하는 멀티 자산 포트폴리오를 수용하면서 현대 포트폴리오 이론의 결과에 의존하는 것은 일부 투자자에게 잘못된 신뢰감을 준다는 것을 깨달았기 때문이다. 현대 포트폴리오 이론의 문제는 시장 수익률이 실제 수익률보다 평균 기대 수익률에 훨씬 더 가깝다고 가정한다는 것이다. 즉, 그 이론은 예외적으로 좋거나 나쁜 수익은 극히 드물다고 가정한다. 하지만 재앙적인 수준의 손실은 이론보다 더 자주 발생하기 마련이다.

수학자 베노이 만델브로^{Benoit Mandelbrot}는 현대 포트폴리오 이론 모델이 예측하는 것보다 더 자주 극단적인 결과가 발생한다고 지적했다. 게다가 이러한 극단적인 사건들은 비행기에서 기류 변화로 인한 충격이 연속적으로 발생하는 것처럼 무작위로

퍼지기보다는 함께 발생하는 경우가 많다. 금융 시장에서는 변동성이 높은 한 시기가 연속해서 발생하는 경향이 있는데, 그때 시장은 다시 변동성이 커지기 전에 잠시 평온한 경향이 있다.

왜 이것이 중요한가? 왜냐하면 현대 포트폴리오 이론을 사용하면 투자자와 그들의 조언자들은 극단적인 사건보다는 평균 기대 수익률에 초점을 맞추는 경향이 있기 때문이다. 나심 니콜라스 탈레브^{Nassim Nicholas Taleb}는 다음과 같이 설명했다.

"리스크는 변동성보다는 꼬리 사건에서 볼 수 있다."

개인 투자자로서 우리의 주요 리스크 척도는 탈레브의 표현대로 '변동성'이 되면 안 된다. 변동성과 표준 편차는 너무 추상적이다. 개인의 리스크는 현대 포트폴리오 이론으로 예측하는 것보다 극단적인 사건으로 인한 재정적 피해로 더 자주 나타난다. 탈레브가 말하는 꼬리 사건이 극단적인 손실의 결과다. 확률 분포 곡선으로 알려진 일어날 수 있는 결과의 구성에서 극단적 결과는 대부분이 평균 근처에 있지 않고 확률 분포의 꼬리 또는 양극단에서 발생하기 때문에 꼬리 사건이라고 한다.

첫째,
극단적인 위험을 과소평가한다

대부분의 사람은 극단적인 사건을 염두에 두고 재정적인 결정을 내린다. 집이 불에 타거나 털리지 않을 확률이 더 크지만 주택 보험을 가입한다. 인생의 전성기에

죽거나 아플 확률은 적지만 가족을 보호하기 위해 생명 보험에 가입한다. 이런 예시에서는 극단적인 사건이 드물기 때문에 보험료가 저렴하다. 그러나 금융 시장은 그렇지 않다. 옵션 계약이나 다른 수단을 사용하여 포트폴리오를 보호할 땐 비용이 많이 든다. 이는 현대 포트폴리오 이론이 극단적인 결과의 빈도수와 심각성을 과소평가한다는 추가적인 증거다. 그렇지 않다면 포트폴리오 손실에 대비하는 것이 더 경제적일 것이다.

물론 변동성이 더 큰 자산군은 손실이 더 큰 경향이 있다. 하지만 표준 편차에 초점을 맞추기보다는 4장에서 논의한 것처럼 손실의 가능성을 줄이고 회수 기간에 집중하는 것이 더 유익하다고 생각한다.

둘째,
상관관계를 고려하지 않는다

현대포트폴리오 이론의 또 다른 문제는 자산군 간의 상관관계가 정적이라고 가정하는 것이다. 완벽하게 상관관계가 없는 두 자산군이 서로 보조를 맞춰 움직이지 않는다는 점에서 말이다. 불행히도 시장 혼란기에 자산군의 상관관계는 종종 높아진다. 서로 다른 범주의 주식, 리츠, 비투자 등급 채권과 같은 위험성이 높은 자산은 모두 함께 가격이 하락한다.

그러나 현대 포트폴리오 이론은 일부 자산 범주가 유동적이지 않기 때문에 매일 가격이 책정되지 않는다. 임대 아파트의 변동성은? 아파트는 매일 가격이 책정되거나 가치를 평가하지 않기 때문에 일별 또는 월별로 변동성이 거의 없고 몇 년에 한

번씩 평가된다. 따라서 현대 포트폴리오 이론을 활용한 투자 자문사는 개인 부동산이나 벤처 캐피털처럼 유동적인 투자의 변동성과 상관관계 가정을 만들어 내는 수밖에 없다.

셋째,
지나치게 단순하다

현대 포트폴리오 이론의 가장 큰 문제는 단순하다는 것이다. 투자 세계를 지나치게 단순화시켜 모델이 극도로 불확실함에도 불구하고 잠재적인 포트폴리오 결과를 적절히 포착할 수 있다고 제시한다. 금융 시장은 시간이 지나면서 적응하고 학습하는 다양한 투입 변수를 가진 복잡한 적응 시스템이다. 인간과 컴퓨터 모두 수백만의 개별 대리인이 예측할 수 없는 방식으로 경제와 금융 시장에 영향을 미치는 조치를 취한다. 부티크 투자 자문사인 제2재단 최고 투자 책임자이자 엡실론 이론 뉴스레터의 저자인 벤 헌트Ben Hunt는 현대 포트폴리오 이론에 관해 다음과 같이 썼다.

현대 포트폴리오 이론이 말해 주는 모든 것은 리스크하에서의 의사 결정에 기초한다. 그것은 모두 일련의 리스크와 보상 결정에 대한 기대 수익을 극대화하는 연습이며, 안정적인 역사적 데이터와 잘 정의된 현재 리스크를 가지고 있다면 완벽하게 잘 해결된다. 그러나 당신이 믿을 수 없는 과거 데이터와 제대로 정의되지 않은 현재의 리스크를 가지고 있다면 잘 해결되지 않을 것이다. 그것은 마치 망치가 필요할 때 톱을 사용하는 것과 같다. 못을 박을 가능성이 없을 뿐만 아니라 목재를

손상시킬 것이다.

우리의 부를 극대화하는 것은 투자나 자산 배분을 목표로 하는 것이 아니다. 헌 트는 '장기적으로 최대 후회를 최소화하는 것이 목표'라고 말한다. 그것은 우리가 재 정적으로 궁핍해질 수 있는 큰 베팅을 피하면서 시간이 지남에 따라 부를 쌓는 방식 으로 투자해야 한다는 것을 의미한다. 이는 우리가 가진 대부분을 매도하도록 유인 한 다음, 계획대로 되지 않으면 크게 손해를 보는 가상 화폐, 스타트업 기업, 인기 종 목 등에 투자하게 하여 '위험성이 거의 없지만 높은 수익을 약속하는 환상적인 투자 기회'라는 마법에 빠지지 않는 것이다.

자산 배분은
최적화가 아니라 대처다

현대 포트폴리오 이론의 난제를 고려할 때, 불확실한 세계에서 우리는 어떻게 자산을 배분할 것인가? 일단 정답이 없다고 이해하는 것으로 시작하자. 전 영국 은행 총재 머빈 킹은 이렇게 말했다.

"최적화라는 표현은 유혹적이다. 그러나 인간은 최적화 대신 대처를 한다. 그들은 새로운 환경, 새로운 자극 그리고 새로운 도전에 반응하고 적응한다."

킹은 서로 다른 투자 전략의 잠재 수익률을 추정하기 위해 경험 법칙을 활용하여 최적화하는 것은 도움이 되지 않는다고 지적한다. 자산 배분으로 대처하는 방법 중 한 가지는 마당이나 정원을 조경하듯이 접근하는 것이다. 조경을 할 땐 정답이 없다. 최적화된 꽃밭도 없다. 그 대신 조경사는 다양한 색, 모양, 높이로 구성된 수십 종의 풀, 덤불, 꽃을 심는다. 서로 다른 시기에 꽃이 피는 식물들, 다른 질병에 내성이 있는 식물들, 먹을 수 있는 열매를 맺는 식물들, 가뭄에 잘 견디는 식물들, 일부 연년생 또는 다년생 식물들 등. 지역의 풍토를 감안하여 정원사가 따라야 하는 경험 법칙이나 원칙도 있지만 예술적 해석의 여지도 크다.

마찬가지로 우리는 서로 다른 특성과 수익률을 가진 다양한 자산군을 투자 포트폴리오에 넣기를 원한다. 정원사처럼 따라야 할 지침과 경험 법칙이 있지만 우리의 지식, 이익, 가치에 따라 포트폴리오를 구축할 수 있는 엄청난 창조적 자유도 있다.

포트폴리오의 시작,
현금과 주식 배분

모든 자산 배분의 초기 구성 요소는 현금과 주식이다. 현금은 이론적으로 손실 리스크가 매우 낮으면서 추가 수입이 적은 기본 자산이다. 불행하게도 대부분의 시장 환경에서 저축, 머니 마켓 뮤추얼 펀드^{MMF}또는 은행 예금 증서 등의 현금 수익률은 인플레이션에 거의 미치지 못한다. 물가 상승에 맞춰 조정되고도 돈이 늘지 않는다는 뜻이다. 심지어 인플레이션을 조정한 기준으로 돈을 잃고 있을지도 모른다.

그런 이유로 대부분의 투자자는 포트폴리오에 주식을 추가한다. 주식은 배당의 형태로 현금 같은 소득 수익률을 가질 뿐만 아니라 기업 수익이 증가함에 따라 배당 현금 흐름도 증가한다.

장기적으로 주식은 인플레이션을 능가하지만 투자자들은 가격 대비 주가 수익률 변화에 반영된 현금 흐름에 따라 지불 금액을 조정하면서 심각한 손실을 입을 수도 있다. 주식과 현금을 배분하기 위해 현대 포트폴리오 이론이 필요하지는 않다. 현재 현금 수익률과 예상 수익률, 최대 하락률, 주식 회수 시간 등이 포함된 간단한 스프레드시트만 있으면 된다.

우리는 현금 흐름, 현금 흐름 증가, 그리고 수많은 투자자가 현금 흐름에 지불함으로써 일어나는 변화 가능성이라는 세 가지 규칙을 사용하여 주식에 대한 기대 수익률이나 업사이드를 개발할 수 있다. 나는 보통 미국 주식과 미국 외 주식을 모두 포함하는 해외 주식에 대한 추정에서부터 시작한다.

예컨대 현금 흐름 구성 요소의 배당 수익률 2.4%, 현금 흐름 성장 요소의 주당 수익률 4.1%를 사용해 보자. 기간은 10년이 될 것이다. 해외 주식의 주가 수익률이 장기 평균과 일치한다고 가정하여 투자자들이 현금 흐름 증가에 기꺼이 지불할 의향이 있는 것을 변경하는 것과 관련된 예상 수익률에는 어떠한 조정도 하지 않을 것이다. 이는 10년 예상 주식 수익률이 6.5%로, 배당 수익률 2.4%와 주당 수익률 4.1%를 합한 것이다.

당신만의
자산 정원을 만드는 법

우리는 또한 최대 역사적 손실과 그 손실을 회복하는 데 얼마나 오랜 시간이 걸렸는지를 바탕으로 주가 하락에 관한 추정치가 필요하다. 23개 선진국과 24개 신흥 시장의 주가 지수로 구성된 글로벌 지수인 MSCI 선진국 지수의 최대 하락폭은 58.4%로, 이는 2008년 글로벌 금융 위기 때 발생했다. 전체 최대 60%의 감소로 가정하고 손실을 회복하는 데는 48개월, 즉 4년이 걸린다고 가정해 보자. 현금의 예상 수익률을 2.5%라고 하고, 2.5%가 또 연간 인플레이션율이라고 가정해 보자. 이러한 입력 변수로 주식에 대한 배분 비율과 주식의 기대 수익률 및 현금에 대한 배분 비율을 현금의 기대 수익률에 곱하여 주어진 주식-현금 배분의 기대 수익률을 계산할 수 있다.

예를 들어 주식은 6.5%, 현금은 2.5%의 기대 수익률을 감안할 때 60%의 주식과 40%의 현금으로 구성된 포트폴리오의 예상 수익률은 4.9%가 될 것이다.

- (60% 주식 배분×6.5% 주식 수익률)+(40% 현금 배분×2.5% 현금 수익률)
  =4.9%

주식의 최대 하락률이 60%이고 회복 기간이 48개월인 경우 60%가 주식에 할당된 포트폴리오의 최대 하락률은 36%다. 또한 추정 회수 기간은 약 29개월이다.

- 60% 주식 배분× 60% 하락=36%
- 60% 주식 배분×회복기간 48개월=28.8개월

배당 수익률(배당금/주가)	2.4%
주당 순이익 성장	4.1%
주식 기대 수익률(성장률+배당 수익률)	6.5%
현금 기대 수익률	2.5%
60% 주식, 40% 현금에 대한 포트폴리오 수익률	4.9%
최대 하락률(60% 주식 배분×60% 하락 시)	36.0%
추정 회수 기간(60% 주식 배분×48개월 회복 기간)	28.8개월

표 9.1 주식과 현금 포트폴리오의 예

이것은 과연 적절한 배분인가? 36%의 손실이 초래할 수 있는 당신의 재정적인 피해에 따라 다르다. 그 손실이 당신의 삶을 바꿀까? 포트폴리오가 비교적 작은 편이고 은퇴할 때까지 시간이 많이 남아 손실을 만회하기 충분한가? 아니면 정년이 가까워지고 있는데 36%의 손실 때문에 은퇴를 미뤄야 하는가?

일단 당신이 안전하다고 생각되는 최대 하락폭을 결정하면 자산군을 추가해서 기대 수익을 개선할 수 있다. 일반적으로 현금보다 수익률이 높은 채권에 투자하여 포트폴리오의 기대 수익률을 높이려 할 것이다. 당신은 만기 수익률이나 다른 채권 상품의 가장 낮은 수익률을 평가해서 기대 수익률을 높일 수 있다.

현금, 채권, 주식 배분

미국에서는 ETF와 펀드 옵션의 SEC 수익률을 현금과 비교하여 얼마나 많은 추가 수익률을 얻을 수 있는지 확인할 수 있다. 그런 다음 이자율이 상승할 경우 채권 매도 시 잠재적 가격 하락 측면에서 그 수익률이 추가 이자율 리스크를 감수할 가치가 있는지 평가한다. 3장에서 논의한 것처럼 다양한 옵션의 듀레이션을 비교해서 평가할 수 있다. 또한 채권 발행의 신용 리스크와 과거 평균 스프레드와 비교하며 미국 국채 대비 회사채의 수익률 또는 스프레드가 얼마나 증가하는지 평가해야 한다.

예를 들어 최대 손실이 5%, 회수 기간이 12개월인 미국 투자 등급 채권의 10년 예상 수익률이 3.5%라고 가정해 보자. 일반적으로 글로벌 주식이 매도될 때 금리가 하락하여 채권 가격이 오르기 때문에 이는 보수적인 가정이다. 다음 포트폴리오 사례에서 예상되는 최대 손실과 회수 기간을 계산할 때 주식과 채권 손실이 동시에 발생한다고 가정한다.

글로벌 주식, 미국 채권, 현금을 활용한 자산 3종 포트폴리오는 견고한 투자 기반을 제공한다. 이러한 포트폴리오는 두 개의 저비용 ETF 또는 인덱스 뮤추얼 펀드와 머니 마켓 뮤추얼 펀드로 구현될 수 있다. 몇몇 투자자는 거기서 멈추기도 하는 데, 이 또한 완벽하게 괜찮다. 어떤 투자자는 더 다양한 수익률 결정 요인으로 구성된 자산 정원을 선호하기도 한다.

	기대 수익률	최대 손실	회수 기간
글로벌 주식	6.5%	60%	48개월
미국 투자 등급 채권	3.5%	5%	12개월
현금	2.5%	0%	0개월

표 9.2 포트폴리오 예시 가정

포트폴리오의
다섯 가지 예시

∧
∧
∧

추가적인 자산 범주 옵션을 살펴보기 전에, 실제로 이런 포트폴리오를 사용한다고 가정하여 세 가지 자산으로 구성된 포트폴리오의 몇 가지 예를 검토해 보자. 이러한 포트폴리오의 예는 인플레이션에 대한 기대 초과 수익률을 보여 준다. 인플레이션의 영향을 더 잘 이해하려면 미래 포트폴리오 가치와 지출 금액을 현재의 달러 가치와 비교할 수 있는 스프레드시트를 사용하는 것이 도움이 될 수 있다. 대규모 포트폴리오 손실에 따른 영향을 이해하는 것도 포트폴리오를 구성하는 데 도움이 될 수 있다. 필요하다면 퇴직금 저축 스프레드시트를 다운로드하고 사용법을 설명하는 비디오를 시청해도 좋다. moneyfortherestofus.com/tools에서 제공하는 은퇴지출 스프레드시트를 사용하면 이를 모델링할 수 있을 것이다.

① 초보수적 포트폴리오

- 주요 시장 침체로 지출 계획과 생활 방식에 심각한 차질이 생길 은퇴자 또는 금융 독립에 가까운 투자자. 즉, 많은 돈을 잃을 여력이 없지만 투자 위험 감수도가 매우 낮으면 목표 수익률이 낮다는 것을 이해하는 투자자.
- 투자 수익률이 매우 낮지만 지출하기에 충분한 투자 자산이나 연금을 보유한 투자자. 즉, 큰 투자 리스크를 감수하지 않고 생활할 수 있는 투자자.

해외 주식	20%
미국 투자 등급 채권	60%
현금	20%
기대 수익률	3.9%
인플레이션에 대한 기대 초과 수익률	1.4%
예상 최대 손실	-15.0%
기대 회수 기간	17개월

표 9.3 초보수적 포트폴리오

② 보수적 포트폴리오

- 주요 시장 침체로 지출 계획과 생활 방식에 차질이 생길 은퇴자 또는 금융 독립에 가까운 투자자. 즉, 많은 돈을 잃을 여력이 없지만 투자 위험 감수도가 낮으면 목표 수익률이 낮다는 것을 이해하는 투자자.
- 투자 수익률이 낮지만 지출하기에 충분한 투자 자산이나 연금을 보유한 투자자. 즉, 큰 투자 리스크를 감수하지 않고 생활할 수 있는 투자자.

해외 주식	40%
미국 투자 등급 채권	45%
현금	15%
기대 수익률	4.6%
인플레이션에 대한 기대 초과 수익률	2.1%
예상 최대 손실	-26.3%
기대 회수 기간	25개월

표 9.4 보수적 포트폴리오

③ 적당한 포트폴리오

- 은퇴, 금융 자립을 위해 저축을 계속하고 있으며 큰 시장 침체에도 지출 계획과 생활 방식에 큰 지장이 없는 투자자.

- 향후 10~15년 이내에 은퇴할 예정이며, 당황하지 않고 견딜 수 있는 포트폴리오 손실 리스크를 적당히 감수할 수 있는 투자자.

해외 주식	60%
미국 투자 등급 채권	30%
현금	10%
기대 수익률	5.2%
인플레이션에 대한 기대 초과 수익률	2.7%
예상 최대 손실	-37.5%
기대 회수 기간	32개월

표 9.5 적당한 포트폴리오

④ 적당히 공격적인 포트폴리오

- 은퇴, 금융 자립을 위해 저축을 계속하고 있으며 큰 시장 침체에도 지출 계획과 생활 방식에 지장이 없는 투자자.
- 향후 15~25년 이내에 은퇴할 예정이며, 당황하지 않고 견딜 수 있는 포트폴리오 손실 리스크에 대해 적당히 공격적인 위험을 감수하는 투자자.

해외 주식	75%
미국 투자 등급 채권	20%
현금	5%
기대 수익률	5.7%
인플레이션에 대한 기대 초과 수익률	3.2%
예상 최대 손실	-46%
기대 회수 기간	38개월

표 9.6 적당히 공격적인 포트폴리오

⑤ 공격적인 포트폴리오

- 은퇴, 금융 자립을 위해 저축을 지속하고 있으며 큰 시장 침체에도 지출 계획과 생활 방식에 지장이 없는 투자자.
- 25년 이상 은퇴하지 않을 것이며, 당황하지 않고 큰 포트폴리오 손실을 견딜 수 있는 능력을 가져서 리스크에 극도로 관대한 투자자.
- 주식에 상당한 배분을 해서 더 높은 포트폴리오 수익률을 달성하려는 투자자.

해외 주식	85%
미국 투자 등급 채권	15%
현금	0%
기대 수익률	6.1%
인플레이션에 대한 기대 초과 수익률	3.6%
예상 최대 손실	-51.8%
기대 회수 기간	43개월

표 9.7 공격적인 포트폴리오

개인 투자자에게 꼭 필요한 10가지 질문

일단 세 개의 자산 포트폴리오 기반이 마련되면 10가지 질문을 사용하여 분석한 추가 자산 범주로 이를 보완할 수 있다. 최대치로 일어날 수 있는 손실 측면에서 주식과 유사한 자산 범주를 고위험 주식에 포함할 수 있다. 예를 들어 부동산 투자 신탁이나 매우 빠르게 성장하는 중소기업 주식을 추가하고 싶을 수도 있다. 고수익 채권처럼 수익률이 높은 자산은 채권과 현금 배분의 일부로 포함될 수 있다. 임대 부동산 같은 포트폴리오에 개인 자산이나 덜 유동적인 자산을 포함하고 싶을지도 모른다.

민간 투자는 공공 금융 시장과 달리 독립적이며 매일 가격이 책정되지 않기 때문에 공공 시장이 특히 변동성이 심할 때 상대적으로 마음이 안정적일 수 있다. 예를 들어 당신은 아마도 포트폴리오에 금화나 골동품 같은 작은 투기를 추가하기로 결정했을지도 모른다.

다시 말하지만, 최적화된 정원이 없는 것처럼 최적의 포트폴리오 구성은 없다. 우리는 단지 포트폴리오의 다양성을 높일 것이라고 믿는 투자를 추가한다. 10가지 질문을 던져서 당신이 하려는 그것이 무엇이고, 어떻게 수익을 내고, 거래의 반대편에 누가 있고, 투자가 성공하려면 무엇이 필요하고, 수수료는 적절한지, 나의 투자는 얼마나 유동적인지를 설명할 수 있게 된다.

개인 투자자라면
유연성을 발휘하라

나는 포트폴리오에 매력적인 기대 수익률이 있다고 판단하면 투자를 확대하고, 더 이상 리스크에 대한 적절한 보상을 받지 못한다고 생각하면 비중을 줄이고 회복되기를 기대한다. 이는 현대 포트폴리오 이론을 이용하는 것보다 더 유동적이고 유연한 접근법이다. 유연성은 개인 투자자가 가진 경쟁력이다. 투자 회사 GMO의 공동 설립자 겸 최고 투자 전략가인 제레미 그랜덤은 이렇게 말했다.

"개인은 다른 사람이 하는 일에 신경 쓰지 않고 적절한 순간을 인내심 있게 기다리기 훨씬 좋다. 이는 전문가에게는 거의 불가능한 일이다."

나는 개인 포트폴리오에 12개 이상의 자산군이 있다. 그러나 현대 포트폴리오 이론을 이용한 자산 배분 연구는 하지 않았다. 표 9.8은 나의 개인 투자 포트폴리오를 요약한 것이다.

투자 자문가와 재무 기획자는 수백 개의 계정을 관리하기 때문에 현대 포트폴리오 이론을 기반으로 한 자산 할당 모델과 위험 설문지를 사용한다. 이런 도구들로 고객을 위험 허용 범위에 따라 분류함으로써 여러 포트폴리오를 효율적으로 관리할 수 있다.

반면 개인 투자자는 수백 개의 포트폴리오를 관리하지 않기 때문에 현대 포트폴리오 이론 같은 경직된 도구를 고수할 필요가 없다. 그저 10가지 질문에 답하며 새로운 투자 기회를 분석하고 포트폴리오를 조정할 수 있다. 새로운 투자를 할 땐 작은 포지션으로 시작하는 경우가 많기 때문에 어떤 성과를 내는지 지켜보면서 그 특성을 잘 이해할 수 있다.

최적의 포트폴리오나 올바른 포트폴리오가 있는 것처럼 투자하지 않을 때 얻는 추가적인 이점은 변화가 훨씬 쉽다는 것이다. 포트폴리오 믹스를 최적화된 목표물이라기보다 정원으로 생각하자. 그러면 점진적인 변화를 만드는 것이 덜 두렵다. 만약 완벽한 꽃밭의 모습이 정해져 있다면 예술적 균형이 흐트러질까 봐 화초 하나를 뽑는 일도 두려울 것이다. 마찬가지로 조건 변화에 따라 조정될 수 있는 서로 다른 수익률 결정 요인을 가진 자산 계층으로 포트폴리오 믹스에 접근하면 투자할 때 감정적인 부분은 줄어들 것이다.

자산군	무엇이 있나?	포트폴리오 비중
해외 주식	ETF와 펀드로 주식 소유	9%
리츠	ETF로 공개 매매 부동산 보유	3%
우선주	고정 배당이 있는 주식 소유율	1%
MLP	에너지 인프라 자산	3%
일드코스(YieldCos)	재생 에너지 인프라 자산	1%
채권	ETF 및 펀드를 통한 채권	10%
은행 대출	뮤추얼 펀드를 통한 변동 금리 차입금	1%
부동산	부동산 및 토지 소유	27%
개인 자본	레버리지바이아웃(LBO), 벤처 캐피털, 실물 자산 펀드	11%
유동화 대출(ABL)	자산을 담보로 개인에게 빌려준 대출	21%
무담보 대출	개인에게 빌려준 1% 무담보 대출	1%
예술품 및 골동품	가구와 미술품	1%
금	주로 금화와 1개의 금 ETF	4%
가상 화폐	비트코인, 이더리움, 라이트코인 등	1%
현금	은행에 보유 중인 자산이나 현금 등가물	6%
		100%

표 9.8 데이비드의 포트폴리오

해외 주식과 채권이
포트폴리오에 미치는 영향

투자 자문가로서 나는 현대 포트폴리오 이론에 근거한 자산 배분 연구가 미국 주식의 일부를 해외 주식으로 전환하도록 설득하는 데 매우 효과적이라는 사실을 깨달았다. 미국 증시와 해외 증시 사이에 완벽한 상관관계가 없다고 가정하고 고객들에게 자산의 10~20%를 해외 주식에 할당하는 것이 주어진 수익률에 대한 포트폴리오의 예상 변동성을 낮춘다는 것을 증명했다. 고객은 분석을 토대로 해외 주식 배분 목표를 선택할 것이고, 해외 주식 매니저를 선택하는 데 도움을 줄 것이다.

왜 내가 자산의 10~20%를 해외 주식에 배당하도록 추천했을까? 그게 고객에게 편할 것이라는 사실을 알고 있었기 때문이다. 나는 고객들에게 효율적인 프런티어를 제한하여 20% 미만의 국제 주식 배분을 가진 최적의 포트폴리오만 보여 줬다.

단지 상관관계가 동적이고, 시장 침체기에 상승하는 경향이 있다는 사실을 포함해 현대 포트폴리오 이론의 결함을 감안하면, 왜 굳이 해외 주식에 투자해야 할까? 특히 주식들이 하락하고 있을 때 해외에 투자해서 이익이 없다면 그렇게 할 가치가 있을까? 현대 포트폴리오 이론에 결함이 있다면 해외 투자를 정당화하기는 어렵다. 뱅가드 그룹의 설립자이자 인덱스 지수의 아버지라고 일컬어지는 존 보글John Bogle은 "해외 주식을 소유할 필요는 없다"라고 말했다. 보글은 해외 주식이 통화 리스크, 경제 리스크, 사회 불안정한 리스크로 더 위험하다고 생각했다. 그는 투자자들이 리스크에 대한 보상을 받는다고 생각하지 않았다. 게다가 많은 회사가 해외에서 제품을 판매하기 때문에 투자자는 해외에 투자하지 않고도 성장하는 세계 경제로부터 이익을 얻을 수 있다.

보글은 또한 인덱스 지수의 강력한 지지자였는데, 이는 모든 주식이 미래 배당 흐름의 현재 가치인 내재 가치를 반영한다는 점에서 주식의 가격이 올바르게 책정됐다는 가정에 근거한다. 결과적으로 효율적 시장 옹호자들은 가격이 잘못 책정된 증권을 구분하는 일이 시간 낭비라고 생각하며, 투자자들이 인덱스 펀드나 ETF를 통해 수동적으로 시장을 소유하는 것이 더 낫다고 본다.

해외 주식을
고려해야 하는 이유

하지만 시장을 어떻게 정의해야 할까? S&P 500 지수를 구성하는 500개의 미국 주식만 진정한 주식 시장인가? 아니면 모든 미국 주식이 진정한 주식 시장일까? 왜 미국 시장에는 해외 주식이 포함되지 않을까?

　모든 주식의 가격이 올바르게 책정된다면 전체 시장에서의 가중치는 정확해야 한다. 가중치를 두고 상장 기업의 시가 총액을 언급하는데, 이것은 발행 주식 수에 가격을 곱한 것이다. 대부분의 인덱스 펀드는 특정 종목에 할당된 백분율이 전체 규모에 기초한다는 점에서 자본화 가중치를 부여한다. 이는 특정 종목의 가격과 발행 주식 수의 함수다.

　예를 들어 2018년 11월 애플은 시가 총액이 약 1조 달러에 이를 정도로 세계에서 가장 큰 기업이었다. 애플은 48억 주를 발행했다. 당시 210달러였던 애플의 주가에 48억을 곱하면 시가 총액이 1조 달러에 이른다. 미국과 전 세계 모든 상장 주식도 비슷한 계산을 할 수 있다. 개별 증시 자본의 합은 전체 시장의 시가 총액과 같다.

　이 장 앞부분에서 나는 23개의 선진국과 24개의 신흥국 증시로 구성된 MSCI 선진국 지수를 언급했다. MSCI 선진국 지수는 2,791개의 주식을 보유하고 있으며 전 세계의 투자 가능한 주식의 약 85%를 차지한다. 2018년 11월, MSCI 선진국 지수를 구성한 시가 총액은 46조 8,000억 달러에 달했다. 애플은 MSCI 선진국 지수의 2%가 조금 넘는 비중을 차지하고 있다. 애플의 1조 달러 시총을 전체 주식 시장의 46조 8,000억 달러로 나누면 전체 시상의 약 2%가 된다.

　MSCI 선진국 지수에 포함된 모든 미국 기업의 합계는 전 세계 시가 총액의 약 55%에 해당한다. 이는 미국 주식 시장에만 투자하기로 선택한 투자자들이 자본금 기준으로 측정한 해외 주식의 45%는 기피하고 있다는 뜻이다.

리스크를 뛰어넘는
가능성

미국 주식 시장에만 투자하는 것과 효율적 시장과 패시브 투자를 강하게 옹호하는 것 사이의 불일치가 여기에 있다. 만약 주식의 가격이 올바르게 책정된다면 주가는 경제적, 사회적, 정치적 리스크를 반영해야 한다. 이는 리스크가 낮은 종목보다 높은 종목에 가격을 매겨 투자자들에게 추가 리스크를 보상해야 한다는 의미다.

미국 인덱스 펀드에만 투자해 전 세계 주식의 45%를 무시하는 패시브 투자자는 이론상으로는 미국 증시가 일관되게 해외 주식 시장보다 앞설 것이라는 매우 적극적인 베팅을 하고 있다. 그러나 진정한 패시브 투자자는 시가 총액에 따라 가중된 글로벌 주식 포트폴리오를 소유하게 될 것이다. 게다가 해외 투자는 통화 리스크를 수반하지만 투자자는 통화 리스크를 헷지하는 패시브 글로벌 ETF를 구입해서 위험을 제거할 수 있다.

나는 금융 시장이 완벽하게 효율적이라고 생각하지 않는다. 종합적으로 시장 참여자가 틀릴 수 있으며, 이는 자산군이나 시장의 하위 섹터를 과대평가하거나 저평가하는 것으로 이어질 수 있다. 그래서 내 주식 배분의 기본은 글로벌 패시브 주식 ETF로 구성되며, 일부는 통화 리스크를 헷지하고 일부는 헷지하지 않는다. 그리고 배당 수익률이나 이익 증가율이 더 높거나 주가 수익률로 측정되는 밸류에이션이 낮아서 글로벌 주식 시장보다 더 큰 기대 수익을 제공한다고 생각하는 기본 계층에 추가로 배분한다.

반대로 나의 채권 배분은 미국 채권으로 구성됐는데, 대부분의 해외 채권 시장이 미국 채권 시장보다 수익률이 낮기 때문이다. 수익률이 매력적이면 신흥 시장 채권에 투자하는 경우도 있지만, 나는 달러 표시 신흥 시장 채권에 집중하는 경향이 있다. 덕분에 환율 변동을 걱정하지 않아도 된다.

펀더멘털 인덱싱이란 무엇인가?

자본화 가중치가 있는 ETF와 인덱스 뮤추얼 펀드는 포지션 규모 조정에 많은 트레이딩이 필요하지 않다는 점에서 스폰서들이 운용하기에 매우 효율적이다. 그런 이유로 비용이 가장 낮은 경향이 있다. 자본 가중 지수 펀드나 ETF는 시장 변동 때문에 주식 보유액을 재조정할 필요가 거의 없다. 개별 주식 가격이 상승하거나 하락하면서 펀드에서 차지하는 비중이 변하면 항상 추종 지수의 가중치와 같기 때문이다. 이와 대조적으로 주식을 균등하게 가중하는 ETF는 주기적인 재조정이 필요하다.

ETF나 인덱스 펀드가 왜 자본화 가중치를 선택하지 않을까? 예를 들어 기본적으로 가중치가 부여된 인덱스 펀드나 ETF는 규모가 아니라 매출, 영업 이익, 배당 수익률 등과 같은 지표에 따라 보유 지분을 가중한다. 펀더멘털 인덱싱이란 기업의 내재 가치와 성장성을 기준으로 종목 및 비중을 구성하여 초과 수익을 추구하는 방식이다. 이것은 7장에서 다룬 스마트 베타의 예시가 될 수 있다. 비자본화 가중 투자 전략을 추진하는 유일한 이유는 주식 가격이 항상 올바른 것은 아니라는 점에서 주식 시장이 비효율적일 때다.

펀더멘털 인덱스 개념을 발전시킨 리서치 어필리에이츠의 롭 아노트는 시총 가중 지수와 펀드는 규모에 따라 가중되므로 정의상 내재 가치보다 더 높은 가격이 책정된 주식은 가격이 정확하게 책정된 것보다 시총 가중 지수에서 특출한 지위를 차지할 것이라고 지적했다. 내재 가치보다 가격이 낮은 종목은 시가 총액 가중 지수에서 비중이 너무 작다. 따라서 보유 지분을 점진적으로 가중하는 투자 전략은 자본화 가중치 지수에 비해 초과 수익률을 내는 반대 성향을 가지고 있다.

싼 주식은
무조건 이익일까?

이런 비자본화 가중 투자 전략은 재조정의 일환으로 성과가 좋은 주식을 팔 것이다. 현재 자본화 가중 지수의 큰 부분을 차지함으로써 잠재적으로 너무 비싸고 성과기 좋지 않은 주식을 매도하고, 저평가된 주식을 매수할 것이다. 아노트는 다음과 같이 말했다.

"동일하게 가중하든, 기본 지수든, 최소로 분산하든, 가격과는 무관한 목표 가중치가 생길 것이다. 따라서 가격이 급등하든 폭락하든 사고팔 것이고, 이는 높은 가격에 팔고 낮은 가격에 사라는 구조적인 지침이다."

어떤 증권의 가격이 잘못 책정됐는지 확인할 필요 없이 너무 저렴한 수백 개의 증권들을 평가해 보면 장기적으로 펀더멘털 인덱싱은 이익을 가진다. 그러나 단기적으로는 펀더멘털 인덱싱이 자본 가중화 전략을 뒤쫓을 수 있는데, 특히 대기업 중 가장 큰 기업이 시장을 견인하는 경우에는 더욱 그렇다.

포트폴리오 자산 배분 방법

다양한 포트폴리오는 수천 개까지는 아니라도 수백 개의 개별 증권을 포함하는 다양한 자산 범주로 구성된다. 금융 시장과 연계되지 않는 공매도 증권, 임대 부동산 등 개인 소유물도 포함할 수 있다. 금이나 골동품처럼 미래에 자산을 더 많이 지불하는 사람이 있을 때 긍정적인 기대 수익이 생기는 투자를 포함할 수 있다.

공공이든 민간이든 수많은 투자 기회가 주어졌을 때 최적의 포트폴리오를 만들고 싶다고 현대 포트폴리오 이론에 기초한 전통적인 자산 배분 모델을 사용하는 것은 실용적이지 않다. 그것은 너무 많은 가정이 필요하고, 그중 대다수는 단순한 추측에 불과하기 때문이다.

그 대신 예상 수익률과 주식의 큰 하락이 당신의 라이프 스타일에 미칠 재정적 피해를 기준으로 주식과 현금을 적절히 분할할 수 있다. 기본적인 배분이 마련되면 10가지 질문을 사용하여 자산을 보완한다. 자산을 완벽하게 배분해야겠다는 생각보다는, 경험 법칙이 있지만 정답은 없는 창의적인 노력이 필요하다고 생각하자. 핵심은 투자 지식과 투자 기회를 분석하는 능력이 증가하면서 점진적으로 유연하게 대처하며 감정으로 판단하지 않는 것이다.

대안적인 접근법을
골라야 한다

일부 투자자는 점진적인 변화를 만드는 유연성보다는 목표 자산 배분 방식을 고른 뒤 투자를 단순화하는 방법을 선호할 수 있다. 그들은 그저 한두 개의 자산 범주로 구성된 자산 정원을 원한다. 한 가지 흥미로운 접근 방식은, 서로 다른 경제 체제에서 다른 방식으로 수행되는 자산군을 결합하는 것이다.

예를 들어 주식은 경제 성장 기간 동안 좋은 성과를 거두는 반면 채권은 경제 성장이 둔화되거나 위축될 때 성과가 더 좋은 경향이 있다. 이 기간 동안은 보통 하락하여 채권 가격이 상승하기 때문이다. 인플레이션 모기지 채권은 높은 인플레이션 기간 동안 좋은 성과를 거두며, 상품 선물과 금은 예상치 못한 인플레이션 기간에 가격이 급등하는 경향이 있다. 인플레이션 하락은 주식과 채권에 좋은 환경이다.

레이 달리오 같은 많은 투자자는 서로 다른 경제 환경에서 역사적으로 좋은 성과를 냈던 자산군을 포함한 '정적 자산 포트폴리오'를 제안했다. 이 포트폴리오는 올

시즌 포트폴리오All Seasons Portfolio, 영구 포트폴리오The Permanent Portfolio, 황금 나비The Golden Butterfly 같은 이름으로 통한다. 이 정적 자산 포트폴리오는 장기 채권, 상품, 금의 배분을 포함하고 이것들은 변동성과 최대 하락의 관점에서 주식만큼 위험할 수 있다. 주식 외에 변동성이 큰 자산 범주에 상당한 양의 자본을 배분한다는 것은, 포트폴리오 수익률과 변동성이 더 이상 주식에 의해 주도되지 않는다는 것을 의미한다.

예를 들어 주식 50%, 현금 50%를 배분하는 포트폴리오가 기대 수익에서 벗어난다면 거의 전적으로 주식의 실적 때문이다. 현금은 주식처럼 1년 안에 40%를 얻거나 잃을 확률이 적고 수익 범위가 좁다. 따라서 포트폴리오에 현금이 50%를 차지하더라도 상관관계는 주식 시장과 더 높다.

이와는 대조적으로 장기 채권과 주식으로 균등하게 구분된 포트폴리오는 장기 채권이 1년 안에 20% 상승하거나 하락할 수 있기 때문에 주식과 채권 시장 모두에서 어떤 일이 일어나느냐에 따라 결정되는 기대 수익률과 편차가 있을 것이다. 물론 이것은 다각화가 어떻게 이뤄져야 하는지에 대한 문제인데, 실적이 저조한 자산 범주는 성과가 좋은 또 다른 자산 범주에 의해 상쇄된다.

그러나 이런 접근법은 투자자가 개별 포트폴리오 구성 요소의 상당한 변동성을 감수해야 하기 때문에 용기가 필요하다. 이런 역할 기반 포트폴리오의 과거 성과와 리스크는 portfoliocharts.com의 포트폴리오 차트로 분석할 수 있다.

이 접근법을 추구하는 투자자들은 포트폴리오가 역사적으로는 좋은 성과를 냈지만 미래에도 반드시 그럴 것이라는 의미가 아니라는 점을 인식해야 한다. 출발 조건은 특히 장기 채권 및 물가 연동 채권의 최악의 만기 수익률이 중요하다. 역할 기반 포트폴리오는 과거 수익 범위가 낮은 쪽에 가까울 때보다 평균보다 높을 때 더 성공할 가능성이 높다.

•_ 9장 요약

□ 현대적인 포트폴리오 이론에 기초하여 자산 배분을 하면 투자자들에게 포트폴리오 결과에 대한 잘못된 신뢰감을 줄 수 있다.

□ 개인 투자자는 포트폴리오를 구성할 때 평균 기대 수익률에 초점을 맞추기보다는 주요 주식 시장 하락처럼 극단적인 사건이 자신의 삶에 미칠 문제에 집중해서 결정해야 한다.

□ 개인 투자자는 자산 배분을 정확하고 완벽한 포트폴리오를 만들기 위한 시도가 아니라, 경험 법칙은 있지만 정답은 없는 창의적인 노력으로 접근해야 한다.

□ 주식과 현금을 기본으로 하되, 개인들은 공모 및 사모, 미국 및 해외, 자본 가중 방식 및 펀더멘털 가중 방식을 포함한 수익률 요인을 따지며 다른 자산군을 점진적으로 추가함으로써 포트폴리오를 다각화할 수 있다.

□ 단순한 자산 배분 접근 방식은 서로 다른 경제 환경에서 작동하는 변동성이 높은 여러 자산 분류들을 결합하는 것이지만, 이 접근 방식은 개별 구성 요소의 잠재적이고 급격한 변동을 견딜 용기가 필요하다.

투자 금액과 타이밍은 어떻게 결정하는가?

일단 매력적인 투자 기회를 포착하고 나면 언제 얼마를 투자할지 결정해야 한다. 투자의 금액은 성공 확신과 수익률을 결정하는 요인의 신뢰도, 투자가 기대에 미치지 못할 때 생기는 재정적 손실과 관련됐다. 투자 시기는 우리가 일하기 위해 노력하는 돈의 금액과 현재 시장 상황과 연관돼 있다.

언제, 얼마나
투자해야 하는가?

지금까지 아홉 가지 투자 질문을 다뤘다면 이제 "어떻게, 어디에 투자하면 좋을까?" 같은 질문을 할 차례다. 앞서 아홉 가지 질문에서 도출된 투자 필터를 따라가면서 당신의 투자 세계를 신중하게 좁혔기를 희망한다. 하지 말아야 할 것은 더 명확해졌다. 이제 당신은 미래를 정확하게 알아야 성공하는 투자를 피할 것이다. 수수료가 너무 비싼 투자를 고민할 것이고 더 많은 정보를 가진 참여자들을 능가해야 하거나 제로섬 게임인 투자라면 당신은 한 번 더 생각하게 될 것이다.

나는 당신이 무엇을 해야 하는지 구체적으로 알기를 희망한다. "알고 투자하는가?"라고 대답할 수 있는 추가 도구가 있다는 것. 당신은 투자와 관련된 수학과 감정을 더 잘 이해하게 됐다. 수학은 배당금, 이자, 임대료 같은 현금 흐름과 수익, 임대료가 증가함에 따라 현금 흐름이 어떻게 증가하는지를 다룬다. 감정은 투자자가 투자 현금 흐름을 어떻게 평가하는지를 다룬다. 이런 요인들 때문에 투자자는 평균보다 높은 가격을 지불하며 이후 수익률이 더 낮아질 수도 있고, 혹은 그 반대가 될 수도 있다.

인플레이션을 넘어서는 능력을 포함한 예상 수익은 투자의 하락만큼이나 고려돼야 한다. 최대 잠재적 손실은 무엇이며, 고려 중인 투자의 규모에서 오는 개인적인 피해는 무엇인가? 그 투자는 전체 포트폴리오에서 어디에 부합하는가? 수익률 요인 측면에서 추가적인 다각화나 다양성이 있는가? 투자 수단, 유동성, 수수료를 이해하는가? 투자가 성공하려면 무엇을 고려해야 하는지 알고 있는가?

성공적은 투자를 위한
마지막 질문

우리의 투자 예측이 옳다고 결코 확신할 수 없을 것이다. 결과는 우리의 예상과 다를 수 있다. 그랜드 캐니언의 검은 클로드 거울로 풍경을 더 쉽게 감상하고 다른 음영과 색상을 비교할 수 있듯이, 합리적인 수익 가정을 도출하고 리스크를 이해하는 규율은 한 투자 기회를 다른 것과 비교하는 데 도움이 된다. 투자 기회를 신중하게 조사한 후에는 "투자를 반드시 해야 하는가?"라는 질문에 대답해야 한다. 만약 대답이 "예"라면 이제 언제, 얼마나 투자해야 할지 결정할 차례다.

우리 팀이 새로운 주식에 투자하고 보유 주식을 전부 또는 일부를 팔아서 포트폴리오를 바꾸기로 결정했을 때, 나는 기관 포트폴리오 매니저로서 바로 실행하고 싶었다. 그 일을 위해 며칠을 기다리는 일은 답답했다. 왜냐하면 우리는 수많은 고객의 계좌를 관리했기 때문이다. 나는 분석을 마친 것 같은 느낌이 들었고, 내가 한 작업에서 잠재적인 수익을 놓치고 싶지 않았기 때문에 즉시 포트폴리오를 재구성하고 싶었다.

개인 투자자라면 포트폴리오를 바로 바꿀 수 있다. 그러나 실제로 당신은 어떤 가? 당신의 장기적인 성과에 영향을 미칠 것 같지 않아서 며칠 후에나 포트폴리오를 바꾸고 있다. 시장에는 매일 무작위한 상황이 너무 많아서 타이밍으로는 그렇게 큰 차이를 만들 수 없다. 특히 소규모 거래에서는 더욱 그렇다.

달러-비용
평균 접근법

타이밍은 상속, 보너스 또는 매수로 큰 목돈을 받을 때 더 중요하다. 내가 비영리 단체와 일할 때 이 단체는 종종 큰 목돈이 생기곤 했다. 이사회 회원들은 그 돈으로 무엇을 할지 결정해야 했다. 한꺼번에 투자할 것인가, 아니면 일정 기간 동안 평균 적으로 나눠 투자할 것인가? 후자의 접근법을 '달러-비용 평균'이라고 부른다.

나는 그들에게 역사적인 연구 결과를 공유했다. 목돈을 즉시 투자하는 것이 달러-비용 평균보다 우수하다는 것을 보여 주는 연구였다. 논리는 간단했다. 주식 시장은 시간이 지나면서 가치가 상승하기 때문에 목돈을 즉시 전부 투자하는 것이 통계적으로 더 낫다. 왜냐하면 달러-비용 평균 접근법은 주식 초기 몇 달 동안 가치가 상승하는 기간을 놓치기 때문이다. 물론 반대로 증시가 하락하면 한꺼번에 투자하는 것보다 달러-비용 평균이 더 좋은 성과를 낼 것이다.

보통 이사회는 달러-비용 평균을 선택하곤 했다. 왜일까? 그들은 자금을 투자한 직후 주가가 폭락할 경우 기부자에게 설명해야 할 것을 우려했고, 그런 상황이 경솔해 보일 것이라고 믿었다. 이사회는 기부자가 기부 직후 20%의 가치가 떨어지면 화를 낼 것이라고 생각했다. 왜냐하면 그 돈이 달러-비용 평균을 이용한 것만큼 가치를 인정받지 못했기 때문이다. 이사회는 자신들과 기부자가 최대한 후회하지 않도록 행동했다.

포트폴리오에 추가된 금액이 커지면 익숙하게 관리하는 데까지 시간이 걸릴 수 있다. 새로운 자금이 뜻하지 않은 선물이나 상속금일지라도 액수가 커지면 위태로운 느낌을 준다. 달러-비용 평균은 점진적으로 변화하는 데 도움이 될 수 있다. 달러-비용 평균화의 장점은 작은 금액으로 꾸준히 오랜 기간 투자할 수 있어 합리적이고, 때로는 한꺼번에 투자하는 것보다 더 나은 투자 성과를 보인다는 것이다.

투자 규모를
결정하는 방법

새 투자를 시작하기로 했다면 포트폴리오에 얼마나 차지하는 게 좋을까? 포지션 규모에 정답은 없다. 수천 개의 기초 증권을 보유하고, 세계 경제의 전반적인 성장에 가치가 좌우되는 글로벌 ETF나 인덱스 펀드의 경우, 투자자들은 전체 주식 배분을 투자하는 게 편할 수 있다. 왜냐하면 주식이 시장의 상당 부분을 대표하기 때문이다. 투자의 성공 여부가 폐쇄형 펀드의 할인이 순자산 가치의 축소로 이어지는 것처럼 특이한 요인에 달렸다면 투자자들은 그 주식을 더 잘 이해하는 시간을 갖기 위해 초기에 포트폴리오의 2% 이하만 투자할 수도 있다.

나는 한 매니저가 이런 이유로 어떤 투자 포지션을 0.5%만 확보한 것을 기억한다. 포지션 규모는 투자가 성공할 거라는 확신, 수익률 결정 요인의 신뢰도, 투자가 기대에 미치지 못할 경우 야기되는 개인적인 재정적 손해와 관련돼 있다.

시장 타이밍
VS 리스크 관리

나는 포트폴리오를 만들 때 시장 상황에 따라 자산 배분을 조정했다. 이는 시장 타이밍으로 볼 수도 있고, 누군가에겐 무모하고 효과 없는 전략으로 여겨질 수도 있다. 나 역시 큰 포트폴리오를 주식에서 현금으로, 그리고 다시 현금에서 주식으로 바꾸는 것이 위험할 수 있다는 점에 동의한다.

그러나 나의 투자 방식은 그렇지 않다. 2008년 금융 위기 당시, 이사회는 패닉에 빠져서 재단의 주식 포트폴리오를 상당 부분 매각했던 어느 재단에 고용됐다. 이 재단의 포트폴리오는 이미 손실의 직격탄을 맞고 있었다. 이사회는 시장의 바닥 근처에서 주식을 팔았다. 2009년 중반, 주식으로 다시 비중을 옮기기로 결정할 때쯤 주식 시장은 회복되고 있었다.

대규모 시장 타이밍 베팅은 주식에서 현금으로, 현금에서 주식으로 전환하는 두 가지 결정이 있다. 각각의 의사 결정에 대한 시간을 70% 맞힌 투자자는 통계적으로 두 의사 결정을 합친 시간의 절반 이하로 정확할 것이다. 나는 포트폴리오를 크게 바꾸기보다는 점진적으로 변화를 주는 편이다. 포트폴리오를 한 번에 5%에서 10%로 옮기는 일은 거의 없다. 이전 투자 회사에서는 이 방식을 '적극적 자산 배분'이라고 명명했다.

왜 굳이 변화를 줘야 할까? 목표를 고정하고 주기적으로 재조정하는 건 어떨까? 그것은 우리가 컨설팅했지만 포트폴리오를 변경할 권한이 없었던 많은 기관 고객을 위해 사용했던 접근법 중 하나로 확실히 효과가 있다. 지난 8장에서는 이와 관련된 재조정 문제를 다뤘다.

그러나 만약 당신이 나와 같고, 정해진 포트폴리오 목표가 없다면 좀 더 기회주의적인 접근 방식이 타당하다. 바로 앞 장에서 논의한 자산 정원 방법론이다. 질문은 예상 수익률, 리스크 및 이해도 측면에서 '투자 기회를 고려했을 때 구성이 적절한 포트폴리오를 갖추고 있는가?'이다.

리스크에 대한 충분한 보상을 더 이상 받지 못하기 때문에 익스포저를 줄이는 것이 현명한 투자인가? 아마도 그것은 아주 좋은 실적을 기록하여 현재 평균 이상의 가치로 팔리는 중소기업 주식이나 신흥 시장 주식과 같은 분야일 것이다. 과거보다 할인 폭이 좁아진 폐쇄형 채권 펀드일 수도 있다. 10년 만기 국채 대비 스프레드 또는 누적 수익률이 장기 평균 스프레드 5% 이하로 좁혀진 고수익 채권 펀드일 수도 있다. 아니면 가격이 하락하여 과거 평균보다 훨씬 낮은 가치로 판매되고 있는 자산 범주가 있는가?

판단을 위한 정보가 필요하다

이 접근법의 문제는 자산군의 현재 가치 평가와 자산 분류의 이력을 비교하기 위한 평가 지표를 확보해야 하는 것이다. 많은 데이터 업체는 이런 정보를 연간 수천 달러에 판매한다. 이런 이유로 나는 팟캐스트와 회원 커뮤니티를 운영하면서 커뮤니티 회원들이 더 많은 정보에 입각한 자산 배분을 결정할 수 있도록 적시에 가치 평가 정보를 제공한다.

물론 언론이나 우리 주변에서 일어나는 일을 관찰하면서도 충분히 정보를 얻을 수 있다. 닷컴 주식과 비트코인의 가격이 급등하고 이전까지 투자에 거의 관심이 없었던 개인들이 기술주와 가상 화폐를 어떻게 구입하고 있는지를 감안하면, 1999년과 2000년의 닷컴 버블과 2017년의 가상 화폐 투기 열풍 때 리스크가 컸던 것은 분명하다. 마찬가지로 2009년에는 수십 년 만에 가장 매력적인 가치로 팔렸던 수많은 자산군이 있었다.

시장 상위를 결정하기 위해 고평가된 자산을 매각하기 전에는 유리하다. 마찬가지로 자산 가치가 급락한 후 바닥에 도달했는지 여부를 판단하는 것이 매수하는 데 유리할 것이다. 절대적인 상하의 타이밍은 불가능하지 않더라도 어렵다. 그것이 누적 접근법이 가장 잘 작동하는 이유다.

자산군이 고평가를 받고 더 비싸지면, 익스포저를 줄일 수 있다. 대규모 매각 후 자산 가격이 매력적으로 책정될 때 익스포저를 추가할 수도 있다. 때로는 반대로 매각된 자산군의 회복을 기다리는 것이 도움이 되지만, 그때라도 가격이 더 떨어질 가능성도 있다. 우리는 투자를 할 때 생각보다 빨리 대응할 수도 있고, 실수를 할 수도 있는 것이다.

투자 위험을 따지고
받아들이는 방법

　　때때로 자산군은 매수한 후에도 계속 하락하거나, 반대로 매도 후에 상승하기도 할 것이다. 이는 실수라고 생각할 수만 있다면 보통 일어나는 일이다. 좋은 소식은, 장기적으로 평균보다 저렴한 자산군을 꾸준히 매수하고 평균보다 더 비싼 자산군의 익스포저를 줄이면 포트폴리오 성과가 더 좋아질 것이라는 점이다. 이것이 '낮은 매수, 높은 매도 규칙'이다. 우리가 각각 투자한 결과는 통제할 수 없다. 우리가 통제할 수 있는 것은 오직 의사 결정 과정이다.

　　2008년 가을, 금융 위기가 닥쳤을 때 나는 신흥 시장 주식에 대한 고객들의 익스포저를 높인 뒤 기분이 좋지 않았다. 우리가 3주 일찍 대응하는 바람에 고객들이 추가 손실을 입었기 때문이다. 당시 신흥 시장 주식의 주가 수익률은 10%도 되지 않았다. 이는 사상 최저치의 밸류에이션이었다. 매도세가 언제 끝날지는 정확히 알 수 없었지만 낮은 밸류에이션으로 볼 때 신흥 시장의 예상 수익률은 상당히 높았고 리스크를 정당화했다. 결국 마지막에 고객들은 보상으로 높은 수익을 올렸다.

경제 동향을
파악하는 방법

개인이 보유한 지분들의 성과와 가치도 지켜봐야 하지만 경제 동향을 파악하는 것도 중요하다. 1916년 이후 미국 주식 시장에서 가장 심한 하락폭을 기록한 12개 중 10개가 경기 침체기에 평균 46%의 하락세를 기록했다. 내가 경기 침체 리스크를 모니터링하는 한 가지 방법은 PMI 지수다. 이는 월간 제조업 구매 관리자 조사를 분석하는 것으로, IHS마킷, 공급관리연구소 등 연구 기관이 전 세계적으로 실시하는 제조업에 대한 실태 조사다. 이 조사에 참여하는 기업들은 신규 수주, 재고, 채용 계획, 가격 책정 등 사업 현황에 관한 수많은 질문을 받는다. 제조 업체를 고른 이유는 역사가 길고 경기 변화에 더 민감하기 때문이다.

한 나라의 제조업 PMI 지수가 50보다 클 때, 그것은 팽창하는 경제를 나타낸다. PMI 지수가 50 미만이면 경기가 둔화되거나 위축되고 있음을 나타낸다. PMI 지수가 48 미만이년 불황일 가능성이 높다. 예를 들어 1948년 이후 미국의 제조업 PMI 지수는 48 이하로 떨어졌었다. 미국 PMI 지수가 48 아래로 하락했지만 경기 침체가 없었던 마지막 시기는 1967년이다.

포트폴리오 매니저로서 PMI 지수가 지적한 대로 경기가 약세를 보이면 주식, 비투자 등급 채권, 기타 위험 자산에 대한 노출을 낮춰 리스크를 줄일지, 아니면 완전 투자를 계속할지 결정해야 한다. 그 대답은 45% 또는 그 이상의 감소가 야기할 개인적인 재정적 손실에 달려 있다. 은퇴할 때까지 수십 년의 시간이 있는 많은 사람들에게 재정적 손실은 미미할 수 있기 때문에 폭풍을 피할 수 있다. 다른 사람들에게는 경기 침체 위험이 증가함에 따라 주식에 대한 노출을 점진적으로 줄이는 것이 나을 수도 있다.

개인의 가치를
파악하라

새로운 투자 결정을 내릴 때 최종적으로 고려할 사항은 그것이 개인이 추구하는 가치와 일치하는지 여부다. 도덕적 또는 윤리적 가치에 기반한 투자 결정을 내리는 것을 '사회적 책임 투자'라고 한다. 사회적 책임 포트폴리오를 구축하려는 투자자들은 종종 환경, 사회적 지배 구조ESG 데이터에 의존하는데, 이는 기업이 환경, 직원, 그리고 지역 사회와 연관된 정책과 행동과 관련하여 사업을 수행하는 방법을 측정한다. 다음은 사회적 책임 투자를 더 자세히 알아볼 것이다.

사회적 책임 투자란
무엇인가?

투자 자문가로서 나는 여러 환경 및 종교 단체를 고객으로 두고 있었는데, 이들은 단체의 윤리적 신념이나 사명을 침해하면서 이익을 창출하는 기업의 주식이나 채권에 투자하는 아이러니한 윤리적인 문제로 고민하고 있었다. 더 큰 포트폴리오 할당을 위해 우리는 조직의 투자 정책과 일치하지 않는, 소위 죄악 주식sin stocks 보유를 피해 포트폴리오를 구성하는 투자 매니저를 고용했다. 신흥 시장이나 미국 내 스몰캡 주식에 대한 배분처럼 규모가 작은 포트폴리오 배분의 경우, 고객들은 종종 그런 분야에서 별도 계정 관리자의 최소 계정 수를 충족하기에 충분한 자산이 없었다. 그런 상황에서는 뮤추얼 펀드나 인덱스 펀드, ETF를 활용했다.

이런 기관들은 특정 부실 증권에 투자하고 싶지 않은 마음과, 다양한 방식으로 가능한 최고의 포트폴리오 수익을 창출하려는 욕구 사이에서 균형을 맞춰야 했다. 그들은 다음과 같은 대답을 해야 했다.

"포트폴리오 주식이 그 임무와 일치하는지 덜 걱정하면서 조직이 사회적인 사명을 이행하는 데 더 많은 이익을 얻을 수 있는 수익률 높은 포트폴리오가 나은가? 아니면 본질적으로나 사회적으로 책임감 있게 창출되지만 낮은 포트폴리오 수익률을 받아들이는 게 나은가? 하지만 결국 조직이 좋은 일을 할 수 있는 자원이 줄어드는 것일까?"

이상적인 이야기지만, 사회적 책임 포트폴리오가 전체 주식 시장을 능가한다면 조직이나 개인은 이런 절충을 할 필요가 없을 것이다. 하지만 불행히도 그것은 결정하기 어렵다. 사회적 책임 투자 펀드와 전체 시장 간의 성과 차이, 고성과와 저성과의 차이 모두 지배 구조 스크린 활용과는 무관할 수 있다. 예를 들어 사회적 책임 포트폴리오가 시장에 비해 평균 시가 총액이 더 작을 수 있으며, 측정된 기간 동안 중소기업이 대기업을 능가한다면 사회적 책임 포트폴리오도 시장을 능가할 것이다.

게다가 주주들이 도덕적 가치를 침해하는 기업들로부터 이탈하지만, 고객이 기업의 제품과 서비스를 계속 구매한다면 미심쩍은 기업의 주식도 실제로 전체 시장을 능가할 수 있다. 논란이 되는 주식의 수요가 줄어들면 밸류에이션이 낮아져 배당 수익률이 높아질 수 있기 때문이다. 이들 기업이 견실한 매출과 실적 성장을 유지한다면 배당 수익률이 높아져 논란이 되는 종목들은 사회적 책임이 높은 경쟁사를 능가할 것이다. 따라서 소비자가 환경, 사회, 지배 구조 기준에 부합하지 않는 기업의 주식 성과에 영향을 미칠 수 있는 중요한 방법은 해당 기업의 제품과 서비스를 불매하는 것이다. 만약 충분히 큰 집단이 불매 운동을 한다면, 특정 제품이나 서비스는 해당 기업의 매출, 이익, 궁극적으로는 주가에 영향을 미칠 것이다.

얇은 가치
두꺼운 가치

2018년 1월 세계 최대 자산 운용사인 블랙록의 최고 경영자 로렌스 핑크^{Lawrence Douglas Fink}는 블랙록이 보유한 기업의 CEO들에게 더 이상 우수한 재무 성과를 전달하기에는 역부족이라는 입장을 밝혔다. 핑크는 "시간이 지남에 따라 번창하기 위해서는 모든 기업이 재무 성과를 전달할 뿐만 아니라 그것이 사회에 어떻게 긍정적으로 기여하는지를 보여 줘야 한다. 기업들은 주주, 직원, 고객, 그리고 지역 사회를 포함한 모든 이해 당사자들에게 혜택을 줘야 한다"라고 전했다.

우메어 하크^{Umair Haque}는 단순히 자본 비용을 초과함으로써 이익을 창출하는 회사들을 '얇은 가치'를 창출한다고 규정했다. 5장에서 기업의 자본 비용은 그 회사의 주식과 채권에 대한 투자자들의 수익 기대치를 반영한다는 점을 기억하라. 역사적으로 기업이 자본 비용을 초과하는 프로젝트를 계속 수행한다면 그 회사 주가에 반영된 시장 평가는 증가한다.

핑크와 하크는 자본 비용을 초과하는 이니셔티브를 추진해 주주 가치를 높이려는 노력은 너무 좁은 시각이라고 했다. 재무제표상으로는 얇은 가치가 좋아 보일 수도 있지만, 이는 환경 및 사회적 비용을 비보유자에게 이전함으로써 달성됐을 수도 있다. 대신 기업들은 하크가 '두꺼운 가치'라고 부르는 것을 만들어야 한다. 두꺼운 가치란 기업들이 자본 비용을 초과하며 동시에 사람, 지역 사회, 사회, 자연계, 그리고 미래 세대에 지속 가능하고 진실하며 의미 있는 혜택을 가져다주는 활동들로 이익을 창출할 때 만들어진다.

작지만
점진적으로 재조정하라

이 장에서 우리는 일단 매력적인 투자 기회를 발견하면 투자 가치를 충족하는지, 얼마나 투자해야 하는지, 언제 투자해야 하는지 등의 몇 가지 추가적인 고려 사항이 있다는 것을 배웠다. 이런 요소들은 결코 명확할 수 없다. 우리가 할 수 있는 일은 최선의 판단을 하는 것뿐이다. 철학자 칼 포퍼Karl Popper는 단편적인 엔지니어의 개념을 옹호하는데, 이것이 내가 투자 관리에 접근하는 방식이다. 단편적인 엔지니어는 '전체로써 재설계'하는 것을 신뢰하지 않는다. 포트폴리오의 맥락에서 보면 우리는 포트폴리오를 한꺼번에 크게 바꾸지 않는다.

대신 단편적인 엔지니어는 계속적으로 개선될 수 있는 작은 조정을 한다. 단편적인 엔지니어는 소크라테스처럼 자신이 얼마나 아는 것이 적은지 알고 있다. 그는 우리가 실수로부터만 배울 수 있다는 것을 안다. 따라서 그는 기대했던 결과와 실제로 성취한 결과를 신중하게 비교하고, 항상 피할 수 없는 원치 않는 결과를 생각하며 경계할 것이다.

이 접근법을 단편 포트폴리오 매니저에게 적용하면 우리가 작은 변화를 만들면서 점진적으로 더 나은 투자자가 될 수 있고 그 결과로부터 무엇을 배울 수 있는지 깨달을 것이다.

•_ 10장 요약

□ 성공적인 투자는 무엇을 하지 말아야 하는지에 대한 것만큼이나 중요하다.

□ 달러-비용 평균화의 장점은 작은 금액으로 꾸준히 오랜 기간 투자할 수 있다는 점에서 합리적이고, 때로는 자금을 한꺼번에 투자할 때보다 더 나은 성과를 보이는 것이다.

□ 포지션 규모는 투자가 성공할 것이라는 확신, 그 성공을 위한 수익률 결정 요인의 신뢰성, 그리고 투자가 기대에 미치지 못할 경우 야기되는 개인적 재정적 손실의 함수다.

□ 포트폴리오 성과는 비용이 덜 드는 자산군을 지속적으로 구입하고 비용이 더 많이 드는 자산군의 익스포저를 줄임으로써 점진적으로 더 나아질 것이다. 그것은 낮은 가격에 사고, 높은 가격에 팔라는 지침이다.

□ PMI 데이터는 포트폴리오 성과에 영향을 미칠 수 있는 경제 동향을 모니터링하는 데 도움이 된다.

□ 소비자는 다른 사람들이 환경, 사회 및 지배 구조 기준을 충족하지 못하는 기업의 제품이나 서비스를 사지 않도록 불매 운동을 하며 그 기업의 주식 성과에 영향을 줄 수 있다. 만약 어떤 대규모 그룹이 특정 상품이나 서비스를 거부한다면 그 회사의 수익, 그리고 궁극적으로 그들의 주가에 영향을 미칠 것이다.

더 많이, 더 오래
벌기 위한 투자 원칙

여기까지 읽었다면 이제 성공적인 투자를 마스터하는 데 필요한 수단과 지식에 익숙해졌을 것이다. 나는 당신이 더 많은 돈을 벌기 위해 투자를 시작할 때, 더 큰 자신감을 갖기를 바란다. 성공적인 투자자가 되기 위해 전문가가 될 필요는 없다. 당신은 다른 사람들이 당황할 때 마음의 평화를 지키며 자신만의 방법을 고수할 수 있는 원칙이 필요하다. 내가 아는 가장 똑똑하고 성공한 투자자들조차도 미래에 무슨 일이 일어날지 다 알지 못한다. 대신 투자 철학과 원칙을 바탕으로 투자를 결정한다. 그들은 또한 극도의 불확실성에 직면할 때 지혜를 발휘한다. 그러한 결정들은 좋게 풀리기도 하고, 때로는 좋은 의사 결정 과정을 따르더라도 바람직하지 않은 결과로 이어지기도 한다. 때때로 매니저들은 틀리고 그들의 분석에서 뭔가를 놓친다.

나는 1990년 후반에 상당한 투자 성과를 거둔 후 대학 기부금 고객에게 고수익 채권 투자를 권유하면서 한 가지 교훈을 얻었다. 나는 과거의 성과가 투자 결정을 내리기 위한 형편없는 근거라는 것을 알게 됐다. 나는 고객을 만날 때마다 그 실수를 뼈저리게 느끼고 고수익 채권 매니저의 실적을 검토했다. 나는 투자 수익을 이끄는 요소를 더 잘 이해해야 한다고 배웠다. 그런 다음 현재 상태를 분석하면 합리적으로 수익을 가정할 수 있다. 이는 2008년 말 다른 투자자들이 자산군을 이탈하는 상황에서 다시 고객에게 고수익 채권을 추천했을 때 내가 취한 접근법이었다. 바닥이 있는지는 알 수 없었지만 수익률이 20%에 육박하는 고수익 채권의 만기 수익률로 내 고객들이 향후 몇 년 동안 매우 잘 해낼 수 있다는 것을 알았다. 그리고 그들은 정말로 그렇게 했다.

투자를 처음 시작했을 때 나는 미래를 정확하게 예측할 수 있는 투자 매니저와 전략가가 있다고 확신했다. 매니저들은 모든 것을 다 알아냈다. 나는 주식과 채권 매니저, 헤지 펀드, 그리고 가장 숙련된 매니저를 식별하기 위해 몇 년 동안 다른 투자 자문 회사들을 조사했다. 정보적 우위를 가진 사람들은 무슨 일이 일어날지 정확하게 예측하고 그것으로부터 이익을 얻을 수 있다. 나는 그런 수준의 성공적인 예측 능력을 가진 사람을 결코 찾지 못했다. 그런 사람은 존재하지 않는다.

내가 아는 가장 성공적인 투자자는 '자산 배분가'와 '리스크 매니저'다. 그들은 투자 유니버스를 조사하고 잠재적인 수익이 손실보다 현저하게 크다는 점에서 위험하지만 보상이 큰 쪽에 자본을 할당한다. 이 접근법을 가진 대표적인 투자자는 바우포스트 그룹의 세스 클라만Seth Klarman이다. 그의 회사는 내 이전 자문 고객의 자산 중 상당 부분을 관리하고 있다. 그는 역사상 가장 성공한 투자자 중 한 명이다. 나는 몇 년간 매년 클라만과 만나서 투자 철학과 과정을 함께 논의했다. 나는 1983년으로 거슬러 올라가 당시 그가 쓴 연례 고객 편지를 읽고 또 읽었다.

성공하는 투자자는 결단력 있게 행동하는 오만함과 자신이 틀렸을 수도 있다고 생각하는 겸손함이 있다. 자신이 틀렸다는 것을 깨달았을 때 마음을 바꾸려는 예민함, 유연성, 의지, 투자 철학에 확고한 자신감을 가질 땐 마음을 바꾸지 않으려는 완고함, 실수를 인정할 수 있는 진실성, 더 많은 실수를 범하는 리스크를 무릅쓰는 강인함, 그리고 운과 능력을 혼동하지 않는 지적 정직함까지 말이다….

이 책에서 우리는 개인 투자자면서 한편으로 포트폴리오 매니저이자 리스크 매니저라는 것을 거듭 강조했다. 개인 자산을 감독하는 일은 향후 수익률이 더 낮아진다는 뜻이다. 기대 수익률과 가치를 평가할 땐 가장 설득력 있는 시장에 적극적으로 배분하고, 지나치게 낙관하는 영역을 피하기 때문이다. 이는 주요 시장 하락으로 인한 개인적 재정적 피해를 최소화하면서 인플레이션율보다 더 많은 수익을 올리는 다수의 자산 범주를 결합하는 과정이다. 포트폴리오 관리는 투자와 관련된 수학과 감정을 이해하고, 동시에 최적화된 꽃이나 채소밭이 없는 것처럼 완벽하게 최적화된 포트폴리오가 없음을 인식하는 것이다.

매일 아침 우리는 날씨를 보고 무엇을 입을지 결정한다. 옷을 고르는 것은 최적화 영역이 아니다. 앤드류 로는 셔츠 10장, 바지 10개, 재킷 5벌, 넥타이 20개, 양말 10벌, 신발 4켤레가 있는 자신의 옷장에서 200만 개 이상의 다양한 조합을 만들 수 있다고 말한다. 만약 그가 200만 개의 조합을 1초에 하나씩 떠올리며 판단한다면 최적의 옷 조합을 찾는 데에는 거의 24일이 걸릴 것이다.

무엇을 입을 것인가에 대한 결정은 만족의 문제다. 경제학자 허버트 알렉산더 사이먼Herbert Alexander Simon은 만족하다satisfy와 충족하다suffice를 결합해 '작은 만족Satisfice' 이라는 말을 만들었다. 우리는 작은 만족을 얻기 위해 최적의 결정이 아니라 충분한 결정을 내리려고 노력한다. 우리는 과거에 긍정적 피드백과 부정적 피드백에서 비롯된 경험 법칙을 사용하여 날씨에 따라 옷을 입는다. 우리는 입은 옷을 칭찬받기를 원하고 때로는 적절하지 못한 의상으로 이상하게 보이기도 한다. 물론 모든 사람이 같은 방식으로 옷을 입지는 않는다. 누군가는 기본 유니폼 같은 미니멀한 복장을 선호하고 누군가는 여러 옷을 레이어드하고 스카프나 액세서리로 장식하는 것을 선호한다. 누군가는 트렌드에 맞춰 입으려고 한다. 아니면 스타일리스트를 고용하는 사람도 있다.

투자도 비슷하다. 우리는 리스크뿐만 아니라 장기적인 수익을 고려한다. 우리는 얼마나 비싸거나 싼 주식인지, 또는 채권에서 어떤 수익률을 얻을 수 있는지 등 현재의 투자 조건을 감시한다. 그리고 나서 우리는 옷을 고르는 것처럼 기대에 근거하여 포트폴리오를 선정한다. 우리는 만족하고, 경험에 근거한 충분히 좋은 선택을 한다.

모든 사람의 포트폴리오가 똑같지는 않을 것이다. 어떤 사람은 2, 3개의 지분만 보유한 미니멀리스트 포트폴리오를 원할 것이다. 어떤 사람은 여러 자산 등급으로 전략을 미세 조정하는 것을 선호한다. 일부는 최근의 투자 유행을 좇을 것이다. 누군가는 스타일리스트에게 의존하는 것처럼 투자 자문사에 의뢰할 것이다. 그렇지만 투자 방식과는 상관없이 다음 10가지 질문에 답변하면 투자 결정을 내리는 데 도움이 될 것이다.

1. 알고 투자하는가?

우리는 투자를 이해하고 설명할 수 있어야 한다. 투자의 특성을 단순화해야 한다. 이는 우리를 겸손하게 하고 우리가 모르는 것을 깨닫게 한다.

2. 투자인가 투기인가 도박인가?

금융 기회를 '수익성이 있는지, 수익성이 없는지, 불확실성이 높은 결과를 얻을 가능성이 더 큰지' 여부에 따라 분류하면 투자 유니버스가 단순해진다. 우리가 대부분의 노력을 긍정적인 기대 수익을 갖는 금융 기회에 집중하면 연구 시간은 줄어든다.

3. 수익을 내는 조건은 무엇인가?

우리는 투자 수익률을 추정하기 위해 경험 법칙을 사용할 수 있다. 그러면 우리가 서로 다른 기회를 비교하고 우리의 가정이 타당한지 확인할 수 있다.

4. 손실을 어떻게 막을 것인가?

투자의 단점은 최대 잠재적 손실과 그 손실로 인한 개인적 재정적 손실로 구성된다. 투자의 단점을 평가할 땐 무조건 손실을 피하기보다는 회복할 수 없을 만큼 치명적인 재정적 피해를 피하는 것을 목표로 삼는다. 만약 당신이 투자 손실 가능성을 전부 배제한다면 이는 리스크를 너무 많이 줄인 것이고 포트폴리오는 인플레이션을 따라가지 못할 것이다.

5. 누가, 왜 그 주식을 파는가?

누가 우리에게 투자를 팔고 있는지 알면 미래를 알아야 하거나 다른 투자자를 능가할 때 수익을 내는 상품을 피하는 데 도움이 된다.

6. 투자 수단은 어떤 기준으로 고르는가?

투자 수단은 특정 투자 전략을 수용하는 도구, 금융 상품 또는 능력을 말한다. 투자하기 전에 기대 수익, 최대 하락 리스크, 유동성, 수수료, 구조 및 가격 책정 등의 투자 수단의 속성을 설명할 수 있어야 한다.

7. 어떻게 최고의 수익을 만들 것인가?

모든 투자는 소득, 현금 흐름 증가, 레버리지, 투자 성과를 결정하는 다른 속성과 같은 수익률 동인을 가지고 있다. 성공적인 포트폴리오는 우리가 미리 확인한 것처럼 신뢰할 수 있는 수익률 요인의 다각화된 조합을 가지고 있다.

8. 수수료 이상의 효과를 내는가?

성공한 투자자들은 알고 있다. 수익금의 일부를 수수료, 경비 및 세금의 형태로 가져가는 단체의 경우 우리는 우리가 지불하는 수수료만큼의 충분한 혜택을 받을 수 있어야 한다.

9. 포트폴리오를 어떻게 구성할 것인가?

우리가 자산을 배분할 때, 하나의 정답이 있는 최적화 문제로 접근해서는 안 된다. 우리는 가이드라인과 경험 법칙을 사용하여 지식, 이익, 가치와 일치하는 다각적인 투자 포트폴리오를 구축할 수 있는 엄청난 창조적 자유를 가지고 있다.

10. 투자 금액과 타이밍은 어떻게 결정하는가?

일단 매력적인 투자 기회를 포착하면 언제, 얼마를 투자할지 결정해야 한다. 얼마를 투자하느냐는 투자가 성공할 것이라는 확신, 그 성공을 위한 수익률 결정 요인의 신뢰성, 투자가 우리의 기대에 미치지 못할 경우 야기되는 개인적인 재정적 손실과 관련 있다. 언제 투자하느냐는 우리가 얼마나 많은 돈을 일과 현재의 시장 상황에 투자하려는지와 관련 있다.

투자 선정 과정에서 가상 멘토와 모델 포트폴리오를 포함한 일부 가이드가 있으면 도움이 된다. 이 책으로 포트폴리오 매니저 역할에 지침이 될 수 있기를 희망한다. 도움이 될 거라고 생각하는 주변의 다른 사람들과 공유해 준다면 영광일 것이다. 이 책을 읽어 줘서 감사의 말을 전한다.

용어 해설

2차 시장:	기존에 발행된 투자 증권이 매수자와 매도자 사이에서 거래되는 금융 시장.
ESG 데이터:	기업이 환경, 직원 및 기업이 운영되는 지역 사회와 관련된 정책과 조치 측면에서 비즈니스를 수행하는 방법을 나타내는 지표.
SEC 수익률:	채권 펀드 및 ETF에 대해 미국 증권 거래 위원회가 요구하는 표준 수익률 계산. SEC 수익률은 뮤추얼 펀드나 ETF가 부과하는 투자 관리 수수료 등 펀드 수익률이 최악의 경우 운용 비용을 뺀 것과 맞먹음.
가산 금리:	금융 기관에서 대출, 채권 따위의 금리를 결정할 때 기준 금리에 덧붙이는 금리.
가중 평균:	각 관측치가 계산한 평균에 같은 크기의 특정 가중치를 곱한 평균. 가중 평균은 모든 관측치의 합을 관측치의 수로 나눈다는 점에서 각 관측치가 동등하게 가중되는 단순 평균과 다름.
가중치:	특정 주식에 할당된 포트폴리오 또는 인덱스의 백분율.
가중 평균 만기:	채권 포트폴리오가 만기될 때까지의 평균 시간은 각 채권에 할당된 비율을 월 또는 년 단위로 만기될 때까지의 시간을 곱하여 계산.
가치 투자:	주식이나 다른 유가 증권을 내재 가치보다 낮은 가격에 사는 데 초점을 맞춘 투자 방식.
개방형 뮤추얼 펀드:	전문 투자 책임자가 감독하는 주식 수가 무제한인 등록된 커밍아웃 펀드. 개방형 뮤추얼 펀드의 가격은 항상 펀드의 순자산 가치와 동일하다.
거래 비용:	투자금을 입출금하기 위해 중개업자 또는 고문에게 지불하는 수수료 또는 거래 수수료 형태의 돈.

거래 상대방 위험:	금융 거래의 반대편에 있는 기업이 계약상 의무를 불이행하는 위험.
거래 중지:	증권 거래소가 유가 증권의 거래를 일시 정지할 때.
거시적 비효율성:	자산 분류가 버블 형성이나 자산 분류의 역사적 가치 평가에 비해 매우 저렴해지는 측면에서 합리적인 가치 평가와 분리되는 것으로 보이는 상황.
경제 성장:	한 국가의 국내 총생산(GDP)이 한 기간에서 다음 기간으로 변하는 속도.
고수익 채권:	채무 불이행 위험이 높아 채권 평가 기관에서 투기성이 있다고 판단된 위험 기업들이 발행한 채권.
고점 대비 최대 하락폭:	투자자의 최악의 예상 감소율. 대개 최악의 역사적 하락을 근거로 추정함.
공매도:	유가 하락에 따른 이익을 얻기 위해 차입된 유가 증권 주식을 매도하는 투자 기법.
공모:	민간 기업이 일반 주식을 발행해 자본을 조달하는 과정.
관리 수수료:	투자 추적, 명세서 및 세금 서류 작성·송출, 고객 계좌 관리 관련 기타 행정 업무 수행 등에 대해 중개 회사, 펀드 회사, 퇴직 계획 관리자에게 지급하는 수수료.
교환:	투자 증권을 사고파는 금융 시장.
구매 관리자 지수(PMI):	경제 지표로서 활용되는 신규 주문, 재고, 채용 계획, 가격 결정 등 현재 및 예상 업황에 대한 기업체 월별 조사.
국내 총생산(GDP):	특정 기간 동안 생산된 재화와 용역에 대한 국가 산출물의 금전적 가치.
글로벌 ETF:	글로벌 주식이나 미국 주식과 같은 대형 금융 시장의 성과를 추종하며 수백 또는 수천 개의 기업에 투자하는 ETF.
금융 위기:	2007~2009년 글로벌 금융 위기는 극심한 경기 위축과 자산 가격 하락으로 두드러졌음.
기간 프리미엄:	예상보다 높은 인플레이션과 미래 실질 이자율에 대한 불확실성의 보상으로 장기 채권을 사도록 만드는 데 필요한 초과 수익률.
기업 공개(IPO):	민간 기업이 처음으로 일반 주식을 일반인에게 발행해 자본을 조달하는 과정.
내재 가치:	미래 현금 흐름의 현재 가치에 기초한 투자의 올바른 가격.
다각화:	다양한 투자와 다양한 수익률 결정 요인을 포트폴리오에 결합하는 전략.
다운사이드:	투자의 잠재적 최대 손실과 그 손실로 인한 개인적 재정적 손해.
단편적인 포트폴리오 매니저:	크고 공격적인 움직임보다는 작고 점진적으로 포트폴리오를 변경하는 투자자.

달러-비용 평균:	정해진 액수의 현금을 정기적으로 투자하는 관행.
담보:	차입자가 대출금이나 그 밖의 채무 상품을 갚지 못하면 경우 매각하기로 한 자산.
닷컴 거품:	1990년대 후반부터 2000년대 초반까지 인터넷 사용 확대에 대한 지나친 열정으로 기술주의 가격과 가치가 급격히 상승하면서 나타난 시기.
대차 거래:	공매도를 촉진하기 위해 유료로 증권을 빌려주는 관행.
대폭락(Flash Crash):	구매자의 부족으로 투자 유가 증권 가격이 일시적으로 급락하는 현상.
도박:	기대 수익률이 부정적이고 손해를 볼 가능성이 더 큰 기회.
딥(Dip):	주식 가격이 계속 상승하기 전에 일시적으로 하락하는 것.
레버리지:	차입금을 사용하여 투자 수익률을 확대함.
로드:	개방형 뮤추얼 펀드의 주식을 매입하거나 상환하기 위해 지불되는 수수료.
만기 수익률:	채권을 만기까지 보유할 경우의 채권 또는 채권 펀드의 총 수익률 추정치.
매도 가격:	투자자가 특정 유가 증권의 주식을 팔고자 하는 경우 현재 기준의 판매 가격.
매수 호가:	투자자가 특정 유가 증권의 주식을 사고자 하는 경우 현재 기준의 제안 가격.
머니 마켓 뮤추얼 펀드:	현금성 자산에 투자하는 개방형 뮤추얼 펀드의 일종.
명목 GDP:	특정 기간 동안 생산된 재화와 용역의 관점에서 국가 생산물의 비인플레이션 조정 통화 가치. 보통 GDP는 한 기간의 경제적 생산량과 인플레이션 영향을 순액으로 비교하기 위해 실제적으로 보고됨.
명목 가치:	인플레이션의 영향을 고려하기 위해 조정되지 않은 현재 달러의 가치.
모멘텀 투자:	상승 추세가 지속될 것이라는 가정하에 유가 증권을 매수하는 투자 전략.
무담보:	채무 불이행 발생 시 담보로 서약된 자산이 없는 부채.
물가 연동 국채(TIPS):	인플레이션으로부터 투자자를 보호하기 위해 인플레에 지수화한 미국 재무부가 발행한 채권.
미시적 효율성:	현역 매니저가 주가가 잘못 책정됐음을 판단하거나 이익을 얻을 수 없는 상황.
바이너리 옵션:	일반적으로 100달러 또는 0달러의 이진 보상을 받는 유가 증권. 투자자가 옵션 계약을 기반으로 하는 기초 자산의 가치가 증가할지 또는 감소할지에 내기를 거는 투자 상품.
배당금:	회사 또는 펀드가 주주에게 지불하는 현금 흐름.

배당 수익률:	가장 최근 월별 또는 분기별 배당금을 연차화하여 유가 증권 가격으로 나눠 산출한 투자 배당률의 척도.
배당 투자 :	배당 수익률이 높은 증권에 투자하는 전략.
밸류에이션:	가치 평가. 주식 또는 자산군이 과거 평균 또는 기타 증권과 비교하여 가격이 어떻게 책정되는지를 나타내는 금융 지표.
밸류에이션 변화:	현재 및 예상 미래 현금 흐름에 대해 투자자가 지불할 의향이 있는 금액에 근거하여 자산의 가격이 변화하는 방식.
벤처 캐피털:	개인 스타트업 기업들에 대한 투자.
변동성:	증권 또는 자산군이 예상 또는 평균 수익에서 벗어나는 정도.
보통주:	회사의 소유권을 대표하고, 소유자에게 배당금으로 이익을 부여하는 투자 증권.
복잡 적응계:	시간이 지남에 따라 적응하고 학습하는 다양한 상호 연결된 입력값으로 구성된 시스템. 개별 부분을 연구해서는 시스템의 움직임을 정확하게 예측할 수 없음.
부동산:	임대 수익 및 또는 가격 절상을 통해 수익률을 창출하는 건물 및 재산.
부동산 크라우드 펀딩:	인터넷을 통해 개인으로부터 자금을 조달해 부동산 거래에 투자하는 관행.
부동산 투자 신탁:	오피스 빌딩, 아파트, 창고, 호텔 등 상업용 부동산을 보유한 증권, 스트립몰 등 소매점. 리츠라고도 부름.
부실 채권 투자:	회사의 궁극적인 구조 조정에서 이익을 얻기 위해 파산하거나 파산 직전에 있는 회사의 부채를 매입하는 전략.
분포 수익률:	뮤추얼 펀드나 교환 거래형 펀드가 순자산 가치의 비율로 지급한 현금 흐름의 측정치. 유통 수익률은 일반적으로 가장 최근의 월별 또는 분기별 분배를 연차화하여 계산한다.
브로커:	자산의 매매를 용이하게 하기 위해 중개자 역할을 하는 개인.
비선형 시스템:	결과가 입력에 비례하지 않고 입력 내용이 유사하더라도 자주 다른 결과로 이어지는 시스템.
비유동성 자산:	쉽게 팔리지 않고 현금으로 바꿀 수 없는 투자 담보.
비유동성 프리미엄:	비유동성 자산에 대한 추가 투자 수익.
비투자 등급 채권:	고수익 채권을 참조.

비트코인:	뛰어난 가치 측면에서 최초이자 최대 규모의 가상 화폐 중 하나.
상대방(Counterparty):	구매자 또는 매도자 역할을 하는 금융 거래의 반대편에 있는 기업.
상장 지수 펀드(ETF):	거래소에서 거래하며, 대기업 주식, 채권, 리츠 등 자본 시장의 특정 지수나 구간을 추종하는 시장성 있는 증권.
상품:	농산물(밀, 옥수수), 금속(구리, 금), 에너지(석유, 천연 가스)와 같은 원자재.
상품 선물:	미래 날짜에 특정 상품을 구입하거나 판매하기 위한 계약 협정.
성장주:	평균 이상의 수익 성장을 가진 보통주.
세금 이연 투자 수단:	개인 퇴직 계좌(IRA)나 401(k) 계획과 같은 계좌는 소득과 실현된 이득이 계좌에서 분배될 때까지 비과세로 누적될 수 있음.
소비자 물가 지수(CPI):	상품 및 서비스의 평균 가격 변동을 나타내는 인플레이션 측정치.
수익률 요인:	수익, 현금 흐름 증가 또는 레버리지와 같은 투자의 속성으로서 성과를 결정.
순영업 이익:	부동산 사업이 재산 관리비, 세금 등 운영비를 뺀 뒤 버는 소득.
순자산 가치(NAV):	뮤추얼 펀드, ETF, 폐쇄형 펀드 등 집합 투자 펀드의 가치는 현금을 포함한 금융 수단의 자산 가치를 취하여 부채를 차감하고 발행 주식 수로 나눠 계산함.
스마트 베타:	가치, 모멘텀, 고배당 등 거래 가능한 요인으로부터 수익 프리미엄을 체계적으로 창출하려는 투자 전략.
시가 총액:	공매도 기업의 규모는 자사 주가에 미결 주식 수를 곱해서 계산함.
시장 타이밍:	주로 주식에서 현금화, 환전 등으로 대규모 포트폴리오를 전환하는 시도.
신용 거래 대출:	보통 투자자가 증권을 추가로 매입하기 위해 중개 업체에게 받는 대출.
신주 바스켓(Creation Basket):	ETF 스폰서가 새로 발행된 ETF 주식을 교환으로 인수할 유가 증권의 참조 바스켓.
실제 가격:	인플레이션의 영향에 맞게 조정된 후의 가치.
실제 수익률:	인플레이션의 영향을 반영하여 조정된 유가 증권의 수익률. 실제 수익률의 예로는 물가 연동 국채의 수익률이 있음.
실제 이익:	인플레이션의 영향에 따라 조정된 후 예상되는 투자 수익 또는 실제 수익률.
실질 이자율:	인플레이션 영향에 따라 조정된 후의 이자율.
암호 화폐:	당사자 간의 금융 거래를 안전하고 분산된 방식으로 촉진하기 위해 고안된 디지털 자산.

액티브 매니저:	액티브 운용에 의한 전략을 추구하는 투자 매니저.
액티브 운용:	투자 매니저가 기준과 다른 포트폴리오를 구성하여 목표 지표나 기준치를 능가하고자 하는 투자 과정.
약속 어음:	일정 시간 또는 특정 조건에 따라 이자 및 또는 원금을 지불하는 계약서.
업사이드:	투자 기회의 기대 수익.
연간 수익률:	투자자의 1년 동안의 수익률. 보유 기간 전체에 걸쳐 얻은 누적 수익률을 1년 단위로 확산해 계산한다.
예금 증명서:	은행, 신용 조합 및 기타 금융 기관이 지정 기간 동안 특정 이자율을 지급하는 보험 금융 상품.
오픈 포지션:	선물이나 주식 거래에서 금리나 환율의 변동을 예상하여 이뤄지는 거래.
옵션:	투자자에게 향후 일정 가격에 기초 투자를 매입하거나 매도할 의무는 주지 않지만 권리를 부여하는 투자 증권.
외환 시장(Forex):	통화가 거래되는 세계 최대 금융 시장.
요인:	저평가, 고배당 수익률 또는 가격 모멘텀과 같은 광범위하고 지속적인 수익 창출 요인.
우선순위 채무:	채무 상환의 관점에서 다른 채무보다 우선하는 채무, 채무 불이행의 경우 담보에 접근할 수 있는 채무.
원가 기준:	세금을 계산하기 위한 자산의 원래 가치.
원금:	금융 거래에서 빌려주거나 빌린 원래 금액.
유동성:	투자가 얼마나 쉽고 빠르게 팔 수 있는지, 그럴 때 드는 비용은 얼마인지, 매도 후 얼마 동안 투자자가 돈을 받는지를 나타내는 척도.
유지 증거금:	상품 선물에 투자할 때 중개인이 요구하는 최소 계좌 잔액.
이자율:	대출자가 누군가의 돈을 사용하고 지불하는 연간 기준의 원금의 백분율.
익스포저(Exposure):	기업이나 개인이 외환의 거래, 대출, 투자와 관련하여 부담하게 되는 위험.
인덱스 펀드:	투자 목적이 대기업 주식, 채권, 리츠 등 자본 시장의 특정 지수나 부문의 실적을 추종하는 것을 목적으로 하는 뮤추얼 펀드.
인플레이션:	시간이 지날수록 물가가 상승하면서 구매력 손실로 이어지는 것.

일시불:	대량 단일 지불.
일중 유동 자금:	거래일 동안 금융 주식을 매수하거나 매도할 수 있는 능력.
자문/관리 수수료 :	특정 투자 수단 또는 고객 포트폴리오를 관리하기 위해 투자 전문가에게 지불하는 돈.
자본:	개인, 가구 또는 기업이 소유한 금융 자산.
자본 비용:	기업이 새로운 프로젝트나 이니셔티브를 추진하기 위해 최소로 부담해야 하는 비용 혹은 기회비용 개념으로써 기업이 선택하지 않은 대체 투자안으로 얻을 수 있는 수익률. 자본 비용은 기업의 부채에 대한 이자율의 가중 평균과 주식 투자자의 추정 수익 요건을 취하여 계산함.
자본 소득 분배:	뮤추얼 펀드 또는 ETF의 주주에게 과세되는 지급은 펀드 또는 ETF의 기본 보유 지분을 판매하는 매니저의 실현된 이익을 나타냄.
자본 시장:	기업이 현재 진행 중인 사업이나 새로운 시책을 위해 자금을 조달할 수 있도록 주식, 채권 등 투자 증권 매매와 거래가 수반되는 금융 시장 성장할 수 있도록 주식, 채권 등 투자 증권의 매각과 거래가 수반되는 금융 시장.
자본화 가중치:	보유 주식 가격과 발행 주식 수에 반영하여 규모에 따라 가중치를 부여하는 시장 지수 또는 벤치마크를 구축하는 방법.
자본 환원율:	프로젝트의 순영업 이익을 비용이나 시장 가치로 나눠 계산하는 부동산 평가의 핵심 지표.
자사주 매입:	기업이 2차 시장에서 자사주를 매입해 미결제 주식을 줄인 경우.
자산:	현금으로 판매 및 전환할 수 있는 증권, 자산 또는 가치 항목.
자산 배분:	포트폴리오를 다른 자산군으로 나누는 과정.
자산 범주:	자산군의 비공식적인 이름.
자산군:	비슷한 특성을 가진 증권 특성을 가진 바스켓 또는 유가 증권 그룹.
작은 만족(Satisfice):	경제학자 허버트 알렉산더 사이먼이 만족하다(satisfly)와 희생하다(sacrifice)을 결합해 만든 단어. 최적의 결정보다는 충분히 좋은 결정을 하라는 의미.
재조정:	실적이 우수하고 특정 대상에 비해 비중 확대된 자산 1개를 매각하고 수익금을 그 목표에 비해 비중이 축소된 자산에 배분하는 행위.
저비용 기준:	유가 증권의 가격 상승을 높게 평가했기 때문에 매도 시 과세 소득이 있음.

적극적 자산 배분: 가치 평가나 경제동향과 같은 시장 상황에 따라 포트폴리오를 점진적으로 변경하는 과정.

정크 본드: 고수익 채권을 참조.

제로섬 게임: 승자와 패자가 반드시 함께 나오는 게임.

제안서: 투자 관리자, 투자 절차, 수수료, 관련 리스크 등 민간 투자 제안과 관련된 내용을 기술하는 법률 문서.

제한 상한-제한 하한: 특정 증권이 단기적으로 큰 가격 움직임을 보인 뒤 거래를 중단하는 증권 거래법.

조기 상환 어음: 특정 가격 목표에 도달하는 등 특정 조건이 충족되면 스폰서가 조기에 상환할 수 있는 투자 증권.

조세 채무: 정부 기관에 납부해야 할 세금.

주가 수익률: 1주가를 주당 순이익(EPS)으로 나눈 값으로, 1주당 수익의 몇 배가 되는지를 나타내는 지표.

주식(Security): 투자자가 소유권을 갖는 거래 가능한 금융 상품.

주식(Equities): 회사의 소유권을 나타내는 보통주.

주주: 주식, ETF 또는 뮤추얼 펀드와 같은 투자 유가 증권의 소유자.

중개 회사: 매수자와 매도자 사이의 중개자 역할을 함으로써 투자 증권의 거래를 용이하게 하는 기업.

지방채: 국가, 지방 자치 단체, 학군이 도로, 공공 기반 시설, 학교 등 각종 사업에 자금을 대기 위해 발행하는 채무 증권. 미국의 경우, 대부분의 지방채는 연방세와 많은 경우에 주세와 지방세가 면제됨.

지정가 주문: 금융 담보를 지정된 가격에 구입하거나 판매하는 주문.

지정 판매 회사: ETF 스폰서와 협력하여 대량 거래 시 ETF 설정 또는 환매 요청을 대행하는 기관 트레이더.

집합 투자 펀드: 투자자로부터 돈을 모아 투자 증권을 매매하여 전문적으로 관리되는 투자 수단.

채권(Treasuries): 연방 정부가 발행한 채권 및 기타 채무 의무.

채권(Bonds): 정부, 기업 및 기타 단체가 신규 프로젝트 또는 지속적인 운영을 목적으로 자금을 조달하기 위해 발행하는 채무 상품. 투자자들은 원금에 대한 새로운 채권 발행을 구입하고, 발행자는 채권 발행자가 채무를 이행하지 않는 한, 채권 만기가 되면 투자자에게 부채에 대한 이자를 지불하고 원금을 반환함.

채권 듀레이션: 금리 변동과 관련된 채권 또는 채권 포트폴리오의 가격 민감도에 대한 수학적 추정치.

채권 만기: 채권 발행자가 원금 잔액을 상환하여 채권을 상환하는 날짜.

채권 매니저: 고객을 위해 채권 포트폴리오를 관리하는 투자 전문가.

채무 불이행(Default): 이자의 지급이나 원금 반환과 같은 계약상 의무를 이행하지 않은 경우.

추적 오차: 적극적으로 관리되는 투자 포트폴리오 또는 펀드의 수익률이 목표 벤치마크의 수익률에서 어떻게 벗어나는지에 대한 척도.

투기: 투자 결과가 불투명하고 수익률이 긍정적일지 부정적일지 이견이 있는 기회.

투자: 일반적으로 수익을 창출하거나 미래에 수익을 창출할 것으로 예상되기 때문에 긍정적인 기대 수익을 갖는 재정적 기회.

투자 수단: 특정 투자 전략을 수용하는 기기, 제품 또는 컨테이너.

투자 수학: 특정 투자의 수익을 이끄는 역학.

투자 조건: 가치 평가, 이익 증가 또는 수익률과 같은 금융 증권 또는 자산 분류의 현재 특성.

투자 설명서: 투자 관리자, 투자의 과정, 수수료, 관련 리스크 등 공적 투자의 내용을 기술하는 법률 문서.

파생 상품 계약: 약정된 금융 자산의 가격에 따라 가치가 결정되는 금융 계약.

패시브 운용: 소극적 관리라고도 함. 투자 관리자가 벤치마크와 매우 유사한 포트폴리오를 구성하여 목표 지수나 벤치마크의 성과를 재현하려는 투자 프로세스.

펀더멘털 인덱싱: 시장 지수를 구성하는 방법 또는 기초 보유 자산이 규모가 아니라 매출액, 이익 또는 배당 수익률과 같은 다른 지표에 초점을 맞춘 벤치마크.

폐쇄형 펀드: 거래소에서 거래하는 주식의 확정 금액을 가진 등록된 통합 펀드로써 전문 투자 책임자가 감독함.

포지션 규모: 특정 투자에 할당된 포트폴리오의 백분율.

포트폴리오: 개인 또는 기관이 보유한 자산군.

포트폴리오 관리: 주요 시장 붕괴로 인한 재정적 피해를 최소화하면서 실제 포트폴리오 수익에 긍정적인 기여를 하는 복수의 자산 범주를 결합하는 과정.

포트폴리오 매니저:	서로 다른 투자 기회를 비교하고 돈을 배분하는 사람.
표준 편차:	현대 포트폴리오 이론에 근거한 자산 배분 모델의 변동성을 추정하는 데 사용되는 통계적 척도. 표준 편차는 개별 데이터값이 평균값에서 얼마나 분산됐는지 측정함.
헤지 펀드:	기관과 순자산 가치가 높은 개인이 투자하고, 손실을 최소화하면서 긍정적인 수익을 창출하기 위해 다양한 투자 전략을 추구하는 전문 투자 매니저가 감독하는 투자 파트너십.
헷지(Hedge):	잠재적 손실을 상쇄하는 거래를 체결함으로써 시장 손실이나 환율 변동으로부터 보호하는 투자 전략.
현금:	화폐는 지폐와 동전의 형태로 물리적으로 보유하거나 쉽게 접근할 수 있는 계좌로 금융 기관에 보관됨.
현금 등가물:	쉽게 팔고 현금으로 전환할 수 있는 미국 국채 등과 같은 초단기 투자 증권.
현금 흐름 :	기초 투자에 의해 창출되는 현금은 일반적으로 자산 소유자에게 분배되는 이자, 배당금 또는 임대료의 형태로 발생함.
현금 흐름 증가:	시간이 지남에 따라 소득 흐름이 증가하는 비율.
현대 포트폴리오 이론:	해리 마코위츠가 도입한 금융 이론으로, 일정 수준의 변동성에 대한 기대 수익을 극대화하는 최적의 포트폴리오 혼합(즉, 주식, 채권, 부동산 및 기타 자산 등급 간의 분할)이 존재함.
현물 가격:	자산을 구입하거나 판매할 수 있는 현재 가격.
현재 가치:	미래 현금 흐름의 현재 가치. 현재 가치는 일반적으로 미래 현금 흐름 지급에 대한 기대 수익이나 자본 비용과 같은 특정 이자율로 미래 현금 흐름 지급액을 감소시키거나 할인하여 계산함.
확정 급여 제도:	고용주가 종업원의 연령, 소득, 재직 기간과 연계한 구체적인 퇴직 급여를 약속하는 퇴직 급여 제도.
확정 기여 계획:	임직원과 고용주가 기여한 가치가 금융 시장의 수익에 따라 달라지는 퇴직 계획.
회복 기간:	투자에서 손실을 만회하는 데 걸리는 시간.
효율적 시장:	모든 증권이 유가 증권의 내재 가치를 반영한다는 점에서 가격이 올바르게 책정되는 금융 시장.

효율적 프런티어: 주어진 기대 변동성 수준에서 가장 높은 기대 수익률을 가진 최적의 포트폴리오로

구성된 선 그래프.

휴리스틱: 결정을 위한 간단한 경험 법칙.

주식 부자로 가는 완벽한 해답

주식시장을 이기는 10가지 질문

인쇄일 2020년 11월 26일
발행일 2020년 12월 3일

지은이 데이비드 스타인
옮긴이 곽민정
펴낸이 유경민 노종한
기획마케팅 1팀 우현권 **2팀** 정세림 금슬기 최지원 현나래
기획편집 1팀 이현정 임지연 **2팀** 김형욱 박익비 **라이프팀** 박지혜
책임편집 임지연
디자인 남다희 홍진기
펴낸곳 유노북스
등록번호 제2015-000010호
주소 서울시 마포구 월드컵로20길 5, 4층
전화 02-323-7763 **팩스** 02-323-7764 **이메일** uknowbooks@naver.com

ISBN 979-11-90826-25-9 (03320)